Et si c'était moi...

Laurence Bouyer

ET SI C'ÉTAIT MOI...

Édition : BoD – Books on Demand, info@bod.fr
Impression : BoD – Books on Demand, In de
Tarpen 42, Norderstedt (Allemagne)
Impression à la demande

ISBN : 978-2-3224-2519-8
Dépôt légal : Mai 2022

La maladie n'est jamais une cause.
La maladie est une réponse, une pauvre réponse
que l'on invente à une souffrance.

Christian BOBIN - Écrivain

INTRODUCTION

Et si c'était moi ? Eh oui, cela n'arrive pas qu'aux autres ! Nous pouvons tous être touchés par la maladie. La maladie qui est un cri. Un cri de notre corps qui nous indique que nous sommes en déséquilibre. Qui nous signale que quelque chose ne va pas, que quelque chose dysfonctionne. La maladie est perçue comme catastrophique, dramatique, car elle réveille nos angoisses de mort et nous cherchons à la guérir le plus rapidement possible à coups de médicaments, opérations et autres interventions médicales. Bien sûr, la maladie est inconfortable, douloureuse parfois honteuse et nous voulons nous en débarrasser au plus vite. Mais la maladie est aussi un message que notre corps nous envoie pour nous permettre d'évoluer, d'apprendre, de grandir. C'est une opportunité, lorsque l'on en comprend la signification, de modifier nos habitudes, nos comportements, nos pensées pour aller vers une vie plus écologique pour nous et notre organisme. Elle nous donne l'occasion d'évoluer sur les plans biologiques, émotionnels et spirituels. Et de ce point de vue, après guérison, la maladie peut apparaître comme une bénédiction. Un mal pour un bien !

Tant que nous ne sommes pas confrontés à la crise, quelle qu'elle soit, nous ne faisons aucun effort. Nous restons dans nos zones de confort, à faire toujours la même chose pour obtenir toujours le même résultat. Certains sont dans des routines positives et tout va bien, ils savent naturellement maintenir un bon équilibre psychosomatique, ils n'ont pas subi de grosses difficultés et ils ne rencontreront pas la maladie. Mais pour la plupart d'entre nous, des passés difficiles, des routines de vie contraignantes, une perception de soi erronée nous enferment dans des fonctionnements délétères à terme pour notre santé. Et le corps qui pousse un cri, la maladie qui survient pour nous faire sortir du cercle infernal dans lequel nous nous sommes progressivement installés. La maladie est un CRI, car liée à des contradictions, des Conflits intérieurs faisant écho, Résonnance avec les évènements traumatiques du passé non résolu et impactant l'Image que nous avons de nous-mêmes. Pour sortir de la maladie, il est important de comprendre son message et modifier nos habitudes pour retrouver un équilibre de vie bénéfique à notre santé.

Avant d'arriver à la crise, au point de rupture, à la maladie, notre corps nous envoie régulièrement des messages d'alerte. Ça ne lâche pas d'un coup ! Seulement, nous ne les entendons pas tous ces petits messages, nous n'avons pas le temps d'y prêter attention, nous sommes trop pressés pour percevoir. Et puis nous sommes forts, rien ne peut nous arriver. Ceux qui tombent malades, en dépression, en burnout ou autre, sont faibles, ils n'ont qu'à se mettre un coup de pied aux fesses et ça ira mieux, si l'on veut on peut !

Qui n'a jamais pensé ou dit ce genre de paroles à un moment de sa vie ? Nous avons tous eu, un jour, ce genre de jugement. Pour nous rassurer, nous donner du courage ou pour conjurer le sort, pour tenir à distance la maladie méconnue et effrayante.

Cependant, il ne suffit pas de se mettre un coup de pied aux fesses. Et la maladie ne s'abat pas que sur les faibles et les autres. C'est bien plus complexe que cela et surtout bien plus insidieux. Nous sommes tous porteurs de cellules pathogènes qui se développeront, ou pas, durant notre existence. Le stress qui s'infiltre insidieusement dans nos vies va favoriser le développement de ces cellules pathogènes. Parfois, le stress est infime, mais chronique, une petite dose de poison tous les jours, qui finit au bout de plusieurs années par engendrer la maladie. D'autre fois, le stress est aigu, brutal, intense, comme lorsque nous sommes face à la perte, au changement, à la peur, à quelque chose de soudain, et là, le corps peut lâcher d'un coup. Souvent, durant notre vie, nous subissons à la fois du stress chronique et du stress aigu dont les actions se combinent ou se potentialisent. Si certains échappent parfaitement bien au stress chronique, personne n'est à l'abri d'un stress intense et donc personne ne peut prétendre qu'il ne sera jamais malade et que la maladie n'est que le fardeau des faibles. Alors, arrêtons de juger et essayons plutôt de comprendre !

Comprendre pour soutenir nos proches qui sont dans l'épreuve de la maladie, comprendre pour nous sortir nous-mêmes de la maladie et comprendre pour éviter de tomber dans la maladie. Quand nous comprenons, nous sommes plus à même d'entendre les messages du corps avant qu'ils ne deviennent des cris. Nous pouvons modifier des choses, rééquilibrer nos corps et nos esprits pour éviter la grave maladie.

Dans cet ouvrage, j'ai voulu traiter des cinq maladies, ou problématiques qui rendent malades, les plus fréquemment rencontrées en cabinet. Des sujets récurrents sur lesquels je travaille depuis de nombreuses années maintenant, qui présentent, dans les grandes lignes, les mêmes symptômes, les mêmes caractéristiques. Et dont le protocole de soin et de guérison va suivre une trame identique autour de laquelle nous allons pouvoir accompagner chaque cas individuel. J'ai choisi de parler de la dépression, du burnout, de l'anxiété, de la somatisation et de la relation d'emprise. Le dernier thème n'étant pas une pathologie en tant que telle, mais une situation engendrant bien souvent de la maladie.

Pour chacun de ses thèmes, je me suis amusée à écrire une petite histoire de vie imaginaire montrant comment la maladie peut s'installer progressivement, sans faire de bruit. Les personnages[1] de ces histoires sont des gens ordinaires, menant des vies ordinaires, comme vous et moi, et qui pourtant vont rencontrer la maladie. Rappelez-vous, cela n'arrive pas qu'aux autres !

Après chaque histoire, il y a une petite illustration clinique, la description d'un cas rencontré en cabinet où les symptômes sont plus nets, plus précis et plus visibles. L'idée étant de décrire précisément la maladie pour mieux la connaitre et la repérer.

Enfin, dans une troisième partie, je développe mon point de vue, et ce n'est que le mien, par rapport à la maladie traitée et je vous propose des outils de guérison pour sortir de la maladie. Outils qu'il conviendra d'utiliser en prévention, afin d'agir aux premiers signes envoyés par le corps et ainsi conserver un équilibre de bon fonctionnement.

Ce livre n'est pas un cours théorique sur chaque pathologie ou thématique, d'éminents auteurs, très qualifiés, l'ont déjà fait et bien mieux que moi. J'ai simplement eu envie de vous partager mon regard, mon approche de la maladie et mon expérience pour sa résolution. Et si cela peut être utile à certains d'entre vous, cela me convient.

---

[1] Les prénoms ont tous été changés pour des raisons de confidentialité.

Comme toujours dans mes livres, il n'y a pas d'ordre pour aborder les sujets, vous pouvez le lire dans tous les sens, quand vous voulez et comme vous voulez.

Je vous souhaite une bonne lecture !

LA DÉPRESSION

HISTOIRE : DESCENTE AUX ENFERS

Ce matin, Léa ouvrit les yeux avant que le réveil ne sonne. Le soleil chaud d'été brillait déjà à travers les volets. Elle s'étira longuement dans son lit et prit le temps de faire un gros câlin au chat qui ronronnait dans son cou. Matéo dormait encore paisiblement à ses côtés. Elle allait passer une bonne journée. Elle en était sûre. Elle se leva doucement pour ne réveiller personne. Les enfants dormaient dans leur chambre. Il n'y avait aucun bruit dans la maison. Elle se prépara une bonne tasse de café qu'elle but sur la terrasse en admirant les fleurs du jardin. Un pur moment de bonheur.

Léa se sentait privilégiée. Elle avait vraiment une très belle vie. Elle avait eu une enfance heureuse, des parents aimants qui l'avaient guidée dans la bienveillance. Ils avaient su lui donner suffisamment confiance en elle pour qu'elle puisse faire des choix respectueux d'elle-même. Très jeune, elle savait ce qu'elle voulait faire, elle n'avait aucune difficulté à l'école et avait suivi sans encombre ses études. Elle était devenue professeur des écoles. Elle enseignait en CP. Petite, elle adorait déjà jouer à la maitresse avec ses deux plus jeunes frères. Léa adore son métier même si les conditions de travail ne sont pas toujours faciles. Elle se souvient qu'à ses débuts, elle avait peur, elle tremblait à l'idée de se retrouver seule face à vingt-cinq petites têtes blondes à gérer toute une journée. Rapidement, elle s'était sentie à l'aise dans sa classe, elle avait toujours de nouvelles idées pour transmettre les apprentissages de façon ludique. Elle savait calmer les plus agités, encourager les plus timorés. Elle se sentait bien dans son métier et les enfants l'adoraient.

Pendant sa dernière année d'études, elle avait rencontré Matéo. Ils s'étaient vus pour la première fois dans un bar à côté de la fac. Matéo travaillait depuis peu et était nostalgique de ses années universitaires. Alors parfois, il retournait dans ce bar où les étudiants se retrouvaient le jeudi soir. Il emmenait son colocataire et retrouvait d'anciens collègues de promo pour se remémorer de bons souvenirs encore très présents dans leur mémoire. Ce soir-là, le groupe de Léa et celui de Matéo se trouvèrent contraints de partager la même table faute de place dans l'établissement bondé. Le contact se fit très rapidement entre les deux groupes et les discussions allèrent bon train. En fin de soirée, tout le monde s'échangea les téléphones pour réitérer l'opération la semaine suivante.

Une attirance réciproque vit rapidement le jour entre Léa et Matéo, ils se trouvaient beaucoup de points communs, ils aimaient les mêmes choses, visitaient les mêmes endroits. Très vite, ils ne se contentèrent pas des soirées du jeudi soir et eurent envie de se voir seuls dans la semaine. Le courant passait vraiment bien entre eux. Ils étaient tombés amoureux.

Léa déserta rapidement sa chambre étudiante pour emménager chez Matéo, la colocation se passait très bien. La relation s'installait, le couple faisait des projets. Léa obtint son diplôme et fut affectée dans une école primaire située à plus de cent kilomètres. Elle dut prendre un petit appartement pour la semaine et ne retrouvait Matéo que le week-end. Matéo ne pouvait pas quitter son emploi et ce n'était que pour deux ou trois ans, le temps pour Léa, d'obtenir une mutation. Léa jonglait entre l'école, Matéo, sa famille qu'elle essayait de voir régulièrement et ses amies de fac toutes éparpillées dans le département. Pleine d'énergie, elle trouvait du temps la semaine pour son cours de danse et son cours de chant. Pour sa troisième rentrée, elle irait dans une école près de sa ville natale. Ils prendraient un appartement ensemble et la vie serait plus légère. Tout se déroula comme elle l'avait prévu.

Le couple eut envie d'un enfant. Projet classique d'un jeune couple à l'aise dans sa vie. Les mois passèrent. L'entourage les taquinait, trouvait que ce bébé était long à venir. Oui, c'était long, déjà presque deux ans maintenant qu'ils essayaient. Avec la gynécologue, ils entreprirent le parcours du combattant. Examens, attente, insémination, attente, examens, attente, stimulation, attente, implantation, attente, stimulation, attente, implantation, attente, etc. Que d'espoirs et de déceptions, que de lassitude, de fatigue, d'incompréhensions, de disputes pour ce couple malmené par la science. Léa n'en pouvait plus, son corps n'en pouvait plus de subir tous ces actes invasifs, certes pas très douloureux, mais très éprouvants. Il fallut encore quatre longues années pour que Léa donne la vie à deux petits garçons. Quel bonheur, ils les avaient tant désirés, ils étaient si mignons, en pleine santé. Jules et Léon comblaient de bonheur leurs parents. Quelle organisation il leur fallut mettre en place : biberons, changes, bains, câlins tout était multiplié par deux. Heureusement, Léa a bénéficié d'un congé parental et d'aide à domicile pendant les premiers mois. Puis plus rien, quelle fatigue. C'était plus que du temps plein ! Plus de nuits complètes, plus de temps pour les activités, les amis, le couple. Les grands-parents les soulageaient bien de temps en temps, mais deux garçons bien vivants à faire grandir en même temps, c'était vraiment épuisant. Léa et Matéo ne se plaignaient pas, ils assumaient leurs responsabilités avec courage.

Un nouvel équilibre fut trouvé dans la famille. Les garçons poussaient bien. Léa reprit son travail avec grand bonheur. Elle aimait son travail, elle avait déjà une multitude d'idées pour enseigner de façon ludique et adaptée. Elle s'épanouissait pleinement dans ce travail. Et puis il y avait aussi les collègues qu'elle appréciait énormément et qui, pour certains, étaient devenus presque des amis. Ils prenaient régulièrement le déjeuner ensemble et pouvaient discuter d'autre choses que du travail. Ils lui avaient manqué.

Matéo obtint une promotion, il était content et fier de lui. Il s'était battu pour cela, s'était impliqué, avait fait ses preuves, il la voulait cette place. Bien sûr, ce nouveau poste impliquait plus de déplacements et de soirées passées au bureau, mais c'était sa réussite personnelle à lui.

La famille déménagea dans une belle maison avec un grand jardin dans lequel les enfants pouvaient s'ébattre librement et grandir sereinement. Le week-end, le couple recevait à nouveau des amis dans leur belle maison, les enfants jouaient tous ensemble et les adultes étaient contents de se retrouver, vieillis, fatigués, différents, mais toujours en lien. Leur vie se déroulait belle, sereine, sans anicroche, ils étaient heureux.

Heureux et fatigués quand même. Cet hiver, Léa a attrapé la grippe, c'était la première fois. Elle est restée clouée une semaine au lit avec quarante de fièvre. Des courbatures, mal à la tête, des vertiges, elle ne tenait littéralement pas debout. Elle ne pensait pas jusqu'alors que ça pouvait être aussi terrible. Elle s'est soignée et c'était reparti pour un tour, elle n'était plus malade, juste encore un peu fatiguée.

Le matin, c'était difficile en ce moment pour Léa, elle qui d'ordinaire se levait à la première sonnerie du réveil, appuyait au moins deux fois maintenant avant de se lever, avec la sensation de ne pas avoir dormi. Son sommeil était de plus en plus léger, un rien la réveillait et impossible de se rendormir ensuite. Elle ressassait ses journées dans sa tête : « Est-ce que j'ai bien fait ceci ? Que vont-ils penser de cela ? Comment vais-je régler ce problème ? Ne pas oublier d'acheter du lait et d'inscrire les garçons au foot. » Elle augmentait les doses de café pour pouvoir tenir dans la journée. Elle trouvait ses élèves de plus en plus difficiles, s'énervait plus rapidement. Et puis, il y avait les parents d'élèves qui voulaient toujours plus d'explications sur son travail, plus d'égards particuliers pour leur rejeton. Les rencontrer était devenu un calvaire. Qu'allaient-ils encore lui reprocher ? C'est vrai qu'en ce moment elle avait du mal à se concentrer, qu'elle oubliait facilement des choses. Elle avait l'impression que son travail lui prenait toute son énergie. En rentrant le soir à la maison, elle se sentait épuisée et n'avait plus autant de patience avec Jules et Léon qui la sollicitaient énormément. Elle s'était mise à crier sur eux pour mieux se faire entendre. À crier contre Matéo qui en jouant le soir avec ses fils ne comprenait pas son agacement. Elle criait, mais n'arrivait pas à exprimer ce sentiment de lassitude et d'impuissance qui l'envahissait. Elle n'avait plus envie de partager des choses avec eux, plus le temps. Il y avait tant à faire pour tenir la maison en état et assurer toute l'intendance. Elle sentait bien qu'elle se laissait entrainer dans un tourbillon qui avait effacé de son visage son si joli sourire. Elle avait besoin de temps pour elle, pour se changer les idées et en même temps n'avait plus l'énergie suffisante pour aller à la danse ou voir les copines. Elle se repliait sur elle-même et dormait dès qu'elle le pouvait et Matéo s'en agaçait :

— Tu es encore couchée, tu as tout le temps sommeil, c'est pénible à la fin ! Tu ne veux pas venir faire du vélo avec nous ? Ça te ferait du bien de mettre un peu le nez dehors.

— Non, désolée, mais je n'ai pas envie de sortir. Allez-y tous les trois, moi je vais me reposer.

— Mais tu ne fais que ça de te reposer, depuis que tu as eu la grippe, tu es tout le temps fatiguée, ce n'est quand même pas normal. Tu ne crois pas que tu devrais voir le médecin pour qu'il te donne des vitamines ? Il faut te secouer un peu, prendre les choses en main.

— Oui, tu as peut-être raison, j'appellerai le médecin lundi.

Après qu'ils étaient sortis, seule sur son canapé, Léa pleurait. Elle ne pouvait plus s'arrêter de pleurer. Pourquoi pleurait-elle ? Elle ne savait même pas. Elle se sentait si triste, si mal. Qu'est-ce qui ne tournait pas rond chez elle ? Elle n'en pouvait plus. Elle était juste fatiguée, épuisée, incapable de faire quoi que ce soit. La vie lui apparaissait si dure, si lourde à porter d'un coup. Elle doutait de pouvoir continuer comme ça, elle n'en avait plus la force. Une idée lui traversa l'esprit. Et si elle fonçait dans un mur avec sa voiture, tout s'arrêterait, elle serait soulagée. Mais comment pouvait-elle penser une chose pareille ? Tout se bousculait dans sa tête : « Je ne peux pas faire ça à mes enfants. Je les ai voulus alors maintenant je dois m'en occuper. Je les aime. Si j'avais su que ce serait si dur, je ne sais pas si je les aurais faits. C'est horrible de penser cela. Je ne suis pas capable de tout gérer. Comment font les autres. Moi je n'y arrive pas. Je ne suis bonne à rien, je suis vraiment nulle. J'ai tout pour être heureuse et je n'en suis même pas capable ». Léa pleurait et n'arrivait plus à arrêter ce flot de pensées négatives dans sa tête. Elle aurait voulu se ressaisir, se mettre un coup de pied aux fesses, sauter sur son vélo et rejoindre ses amours, mais c'était impossible, elle n'y arrivait pas.

Le mercredi suivant, elle s'est rendue chez son médecin pour se faire prescrire des vitamines. Elle connaissait bien son médecin traitant qui suivait toute la famille depuis de nombreuses années. C'est lui qui l'avait accompagnée pour ses FIV ou soignée pour sa grippe. Elle le voyait plus souvent pour ses enfants que pour elle qui n'était que très rarement malade. Il connaissait son histoire et son enthousiasme à toute épreuve. Quand elle lui expliqua qu'en ce moment elle était fatiguée, qu'elle dormait mal, qu'elle avait perdu l'appétit, qu'elle n'avait pas envie de voir du monde, qu'elle avait arrêté ses activités et qu'elle pleurait sans raison, il s'inquiéta vivement et lui demanda si elle avait aussi des idées noires, si elle avait déjà imaginé mettre fin à ses jours. Elle le rassura en lui disant qu'elle aimerait bien que tout s'arrête, mais qu'en fait, elle avait juste envie de dormir, qu'elle n'avait pas le droit de faire ça à ses enfants.

— Léa, je suis désolé, mais je ne pense pas qu'à ce stade ce soit de vitamines dont vous avez besoin, mais plutôt d'antidépresseurs. Vous me semblez traverser un épisode dépressif. Vous êtes épuisée, il va falloir vous soigner.

— Mais non, qu'est-ce que vous dites, je ne suis pas dépressive. Tout va bien dans ma vie, je suis juste un peu fatiguée. Donnez-moi des vitamines et tout va bien aller, les prochaines vacances scolaires sont dans une semaine, je vais me reposer un bon coup et ça ira.

— Vu l'état dans lequel vous êtes aujourd'hui, Léa, je ne pense pas qu'il faille attendre les prochaines vacances pour vous reposer. Je pense qu'il serait plus judicieux que je vous arrête pour un mois et que vous commenciez un traitement, j'ai peur que ça ne tienne pas jusqu'aux prochaines vacances. Allez, je vous arrête un mois, vous prenez un comprimé par jour de cet antidépresseur et prenez rendez-vous avec un psychothérapeute. Je vous revois dans un mois pour vérifier l'efficacité du traitement. Allez, Léa ça va aller !

En rentrant chez elle, Léa pleure, elle est complètement bouleversée. « Mais qu'est-ce qu'il fait, qu'est-ce qu'il me dit celui-là, jusqu'ici je lui faisais confiance, mais là il m'a expédiée, il ne comprend rien du tout. Prenez ce médicament et tout ira bien. Mais non tout n'ira pas bien, je ne vais quand même pas me droguer, je n'en suis pas à ce point-là. Je ne suis pas comme l'autre collègue qui est restée cinq ans en arrêt chez elle à se complaire plutôt qu'à se bouger les fesses, c'était un vrai zombie complètement accro aux médocs ! » Léa est en colère lorsqu'elle raconte son rendez-vous avec son médecin à Matéo.

— Calme-toi ma chérie, ce n'est pas grave. Peut-être qu'il a raison. Tu n'es pas bien en ce moment, tu es très fatiguée et très irritée. Un peu de repos ne te fera pas de mal.

— Oui, bien sûr j'ai besoin de dormir, mais je ne veux pas de ces médicaments et en plus il m'a dit que je devais voir un psy, je ne suis quand même pas folle.

— Mais non tu n'es pas folle, les psys ce n'est pas pour les fous. Tu as peut-être juste besoin d'un peu d'aide en ce moment. Tu sais nous avons traversé des choses difficiles ces derniers temps, même s'il y a eu beaucoup de positif, nous avons quand même fait énormément de choses en peu de temps et pour toi ça a été encore plus compliqué. Ton corps a été sacrément malmené par les traitements pour avoir nos loulous. Je pense que ce serait bien que tu puisses discuter de tout cela avec quelqu'un. Pour ma part, je ne pense pas que je puisse t'aider objectivement. Ça me fait tellement mal de te voir dans cet état et je suis fatigué aussi, je ne pense pas avoir les ressources nécessaires pour t'aider correctement.

— C'est ça dit que je suis un boulet et que tu ne veux pas m'aider !

— Non Léa, tu n'es pas un boulet, tu n'es juste pas bien en ce moment et moi, je ne peux pas t'aider.

Léa n'alla pas travailler le lendemain, elle accepta de se reposer, de dormir. Elle prit les médicaments à contrecœur avec l'espoir qu'ils dissiperaient son mal être. Les effets n'étaient pas immédiats et sa première semaine d'arrêt fut très difficile. Elle ne sortait presque plus de sa chambre et n'avait même pas envie de voir ses enfants le soir. Elle se sentait de plus en plus mal.

Un jour, elle réussit à prendre rendez-vous avec un psy pas trop loin de chez elle. Elle avait fait le plus dur, elle allait pouvoir se soigner. Matéo était soulagé ; elle était prise en charge et allait pouvoir guérir.

ILLUSTRATION : LE CAS DE PHILIPPE

Philippe est un jeune homme de trente-cinq ans qui vient me consulter sur les conseils de son médecin qui vient de lui prescrire des antidépresseurs et qui l'encourage à faire une thérapie pour compléter le traitement. Grand brun au physique athlétique, Philippe est très sportif et très scrupuleux quant à son hygiène de vie. Il ne fume pas, ne boit pas, mange équilibré, fait du sport chaque semaine et partage de bons moments avec ses nombreux amis. Il a deux enfants, une fille de sept ans et un fils de cinq ans. Il aime beaucoup s'occuper de ses enfants quand son travail d'ingénieur en informatique lui laisse suffisamment de temps.

Il avait un bon équilibre de vie. La difficulté présente dans sa vie actuellement étant qu'il venait il y a six mois de divorcer de sa femme avec laquelle il était marié depuis dix ans. La décision de divorcer a été prise en commun, il n'y a eu aucune tension ni dispute, la séparation des biens s'est opérée sans souci et la garde alternée des enfants s'est organisée très facilement. Un divorce somme toute réussi ! Pourtant, il y a quelques temps, Philippe a commencé à arrêter le sport, il se sentait fatigué et n'avait pas suffisamment d'énergie pour y aller le soir après le travail. Il n'avait plus envie de recevoir ou même d'aller chez ses amis, il préférait se mettre devant la télévision devant laquelle il s'endormait. Il avait beaucoup moins de patience avec ses enfants sur lesquels il criait facilement. Lui qui d'ordinaire se languissait de les retrouver, n'avait plus que hâte qu'ils soient chez leur mère. Tout lui paraissait difficile et fatigant. Le matin, il n'arrivait pas à se lever, car dernièrement il se réveillait à trois heures du matin et bien sûr, ne se rendormait qu'une demi-heure avant que le réveil ne sonne. Au travail, il n'avait pas d'entrain non plus et de grosses difficultés de concentration qui lui faisaient commettre des erreurs. Il se sentait souvent triste et abattu et quand il était seul le week-end il n'arrivait même plus à se faire à manger et restait en jogging dans son canapé pendant deux jours. Il ne se reconnaissait plus. Il s'est laissé dériver un moment et quand un soir, il s'est mis à pleurer, sans savoir pourquoi et sans pouvoir s'arrêter, il a eu peur et a pris rendez-vous chez son médecin.

INTERPRÉTATION

Les deux illustrations précédentes décrivent la même chose, c'est-à-dire la traversée d'un épisode dépressif en réaction à des moments de vie consommateurs d'énergie.

Dans le cas de Léa, la dépression s'est installée doucement, sur le long terme, au fil des mois et des années. Prise dans le tourbillon de la vie, Léa n'a pas perçu à quel point elle malmenait son corps, à quel point elle le fatiguait. Elle a consommé beaucoup d'énergie pour réussir dans son travail, pour gérer les trajets pour rejoindre Matéo le week-end. Le parcours pour les FIV est éreintant. Physiquement avec les traitements hormonaux et psychiquement avec l'enchainement d'espoir et de déceptions. L'arrivée des enfants était un réel bonheur, mais aussi un réel enfer. Deux d'un coup, c'est du travail à plein temps, des heures de sommeil manquantes, des repères qui s'effondrent, des habitudes à modifier. Bien sûr, elle a réussi à le faire, mais elle s'est épuisée. Sans s'en rendre compte, tout doucement, elle a consommé toutes ses réserves d'énergie et affaiblie, elle a contracté une mauvaise grippe. C'est la goutte d'eau qui a fait déborder le vase ! Léa va devoir s'arrêter de courir, se poser et se reposer pour se soigner.

Pour Philippe, c'est un peu différent, bien que les symptômes soient les mêmes, c'est plus brutal. Son divorce s'est très bien passé et il n'a pas mesuré qu'il était néanmoins soumis au stress. Qu'il devait revoir toutes ses habitudes, tout changer, déménager, s'organiser, décider, gérer seul plutôt qu'à deux. Il devait mettre en œuvre toutes ses ressources pour s'adapter à la nouvelle situation et cela consomme beaucoup d'énergie. Et puis il ne pouvait pas savoir qu'il avait aussi un travail de deuil à faire. Deuil du mariage, de la relation, de la famille idéale. Quand tout se passe bien, voire « trop » bien, nous ne nous laissons pas toujours le temps de faire le deuil, le temps de pleurer et de contacter la tristesse inhérente à la séparation même si elle a été librement choisie. Et c'est le contrecoup, la dépression qui survient quand on pensait que le divorce n'était plus que du passé.

La dépression peut s'installer progressivement ou rapidement en réaction à ce que nous vivons. Sa gravité est plus ou moins importante selon les personnes, leurs ressources et leur environnement. Elle doit parfois faire l'objet d'un traitement médicamenteux et d'autres fois quelques modifications de l'hygiène de vie suffiront à la guérir. Dans tous les cas, les symptômes sont quasiment les mêmes et seule leur intensité varie.

Selon le DSM-5 (Manuel diagnostique et statistique des troubles mentaux, et des troubles psychiatriques de l'Association Américaine de Psychiatrie) ou la CIM 10 (Classification statistique internationale des maladies et des problèmes de santé connexes, une liste de classification médicale établie par l'Organisation mondiale de la santé) les symptômes de la dépression sont les suivants :

- Tristesse apparente reflétée par la parole et la posture corporelle.

- Tristesse exprimée par le sentiment de découragement ou de détresse sans espoir.

- Tension intérieure correspondant aux sentiments de malaise mal défini, d'irritabilité, d'agitation intérieure, de tension nerveuse pouvant aller jusqu'à la panique, l'effroi ou l'angoisse.

- Réduction de la durée ou de la profondeur du sommeil. L'hypersomnie, augmentation du sommeil, est aussi souvent remarquée.

- Réduction de l'appétit par absence de désir de la nourriture, besoin de se forcer pour manger. Dans certains cas, de l'hyperphagie, besoin de manger en quantité excessive, peut aussi s'instaurer.

- Lassitude avec difficulté à se mettre en train ou une lenteur à commencer et à accomplir les activités quotidiennes.

- Difficultés de concentration, à rassembler ses pensées.

- Manque d'intérêt pour le monde environnant ou des activités qui donnent normalement du plaisir. La capacité à réagir avec une émotion appropriée aux circonstances ou aux gens est réduite.

- Pensées pessimistes c'est-à-dire idées de culpabilité, d'infériorité, d'auto-accusation, de péché, de remords et de ruine.

- Idées de suicide avec sentiment que la vie ne vaut pas la peine d'être vécue, qu'une mort naturelle serait la bienvenue, ou idées de suicide et préparatifs au suicide.

Bien sûr, tous ces symptômes ne se retrouvent pas tous avec la même intensité selon les personnes. De nombreuses variations et combinaisons sont possibles en fonction de la gravité de la dépression. Cependant, cette liste permet d'être attentif à l'évolution de l'état de la personne traversant un épisode dépressif. Cette attention peut être portée par un professionnel de santé ou par l'entourage de la personne. Celle-ci ne pouvant absolument pas se rendre compte elle-même de son propre état. Lorsque l'on est dedans, on ne voit pas ! Seul l'entourage pourra éventuellement alerter la personne et l'encourager à consulter un médecin et un thérapeute. Mais l'entourage, même très proche, ne pourra en aucun cas soigner la personne, l'aide qu'il peut apporter consiste simplement à soutenir la personne sans la faire culpabiliser, ni la « secouer pour qu'elle se bouge », car, elle n'y peut absolument rien.

La dépression n'est pas une maladie de la volonté. C'est-à-dire qu'il ne suffit pas de décider de s'en sortir pour y arriver. C'est un peu plus complexe que cela. Comme, je vous le répète régulièrement, nous ne sommes que de la physiologie ! Le corps humain est une fabuleuse machine qui fonctionne de façon très précise. Nous produisons des pensées qui engendrent des émotions qui elles-mêmes impactent notre physiologie. Par physiologie, j'entends tout ce qui organise et harmonise nos différents systèmes endocrinien, neuronal, respiratoire, digestif, circulatoire, sensoriel, etc. Quand tout va bien dans notre vie, quand nous sommes en équilibre, en homéostasie interne, le corps fonctionne parfaitement bien, en bonne santé. Mais lorsque l'on déséquilibre notre fonctionnement, soit progressivement, en grignotant notre sommeil par exemple ; soit brutalement, lors du ressenti d'une émotion forte suite à l'annonce d'un décès par exemple, la maladie peut advenir. La maladie est un déséquilibre de notre fonctionnement interne. Elle prendra une forme différente en fonction de chaque personne, de ses points de fragilité et de son histoire personnelle, mais c'est toujours un déséquilibre, un dysfonctionnement biologique ou biochimique. Dans le cas de la dépression, des pensées dévalorisantes engendrent des émotions comme la culpabilité, l'impuissance ou la peur, et vont faire chuter nos taux de sérotonine et dopamine, des neurotransmetteurs qui régulent notre humeur et la sensation de plaisir. Ces taux plus bas engendrent des pensées dévalorisantes qui accroissent les émotions négatives et augmentent nos déficits. Et la personne se trouve dans un cercle vicieux ! Elle ne l'a pas fait exprès, ne l'a pas voulu, ne l'a pas décidé, mais l'a seulement subi, car prise dans un quotidien trop stressant. Et encore une fois, quand on est dedans, on ne voit pas ! Notre équilibre psychobiologique est très fragile et nul n'est à l'abri de rencontrer un jour la maladie.

PROPOSITIONS

Nous venons de voir que nos pensées et nos émotions sont à l'origine d'un déséquilibre physiologique et de la maladie. Or, ce fonctionnement n'est pas que négatif, bien au contraire, ce qui marche dans un sens peut marcher dans l'autre. Nous avons la possibilité d'agir sur nos pensées, nos émotions et notre physiologie pour retrouver un bon équilibre de fonctionnement. Nous pouvons inverser la tendance et recouvrer la santé en mettant en place de nouvelles habitudes de vie. Attention, la guérison ne s'obtient pas d'un claquement de doigts, du jour au lendemain. Elle va demander du temps, de la patience, de la persévérance et surtout d'être accompagné, car seul il est très difficile de sortir du cercle des ruminations. Mais la guérison est possible ![2]

La première chose à faire est de se reposer, de s'arrêter et d'accepter de dormir. Le corps est fatigué, alors il faut vous reposer, dormir chaque fois que vous en éprouvez le besoin. Les nuits n'étant pas très bonnes, il est impératif de faire la sieste et de vous reposer dans la journée. En général, il n'est pas possible de lire à ce stade, les difficultés de concentration étant trop importantes. Le corps doit récupérer pour que vous puissiez récupérer vos pensées qui, pour l'instant, ne sont ni claires, ni positives.

---

[2] Sauf cas extrêmes dont nous ne parlons pas ici.

Quand vous serez un peu plus reposé, vous allez ajouter très progressivement dans vos journées une marche en extérieur. Commencez par faire chaque jour une petite balade d'une demi-heure autour de chez vous, puis augmentez à une heure et si possible en pleine nature. Quand vous marchez, essayez d'arrêter le flot incessant des ruminations et de vous concentrer sur vos cinq sens. Regardez ce qui vous entoure, sentez les parfums de la nature, écoutez le chant des oiseaux, ressentez la consistance du sol sous vos pieds. Respirez profondément à pleins poumons. Prenez le temps de ressentir la vie à travers vos sens, de vous sentir vivant à l'instant présent. Marchez doucement, en conscience, vous ne vous entrainez pas pour le marathon !

Quand nous traversons un épisode dépressif, nous nous replions fortement sur nous-mêmes, nous nous enfermons chez nous, nous n'avons plus envie de voir personne, car le lien à l'autre demande de l'énergie et nous n'en avons plus. Ce temps de repli est à vivre pendant la phase de repos, mais ensuite il est important pour guérir de refaire du lien social. Faites le par petites touches, en allant boire un thé avec des amis, en échangeant quelques mots avec le facteur ou les voisins. Parler de la pluie et du beau temps cinq minutes avec quelqu'un déclenche la production d'ocytocine dans notre corps et nous aide à guérir. Souvent, les personnes cachent la dépression à leur entourage, c'est encore une maladie connotée négativement. La dépression a trop longtemps été associée à de la faiblesse, à un manque de volonté et les personnes qui en souffrent ont honte de le dire à leurs proches. Pourtant c'est important de les informer, qu'ils soient au courant, pour venir vous visiter, vous changer les idées, vous soutenir pendant cette période difficile. Bien sûr, certains de vos proches ne pourront pas répondre à vos besoins, apeurés par la maladie et en manque d'énergie eux-mêmes, mais d'autres seront heureux de pouvoir vous aider un peu. Alors n'hésitez pas à dire et à demander de l'aide, ça sert à ça les amis !

Dans la résolution d'un épisode dépressif, l'alimentation joue un rôle important. Hippocrate le disait déjà : « Que ton aliment, soit ton premier médicament ! ». Ce que nous ingérons a un impact direct sur notre physiologie. Notre alimentation participe de notre bonne santé et de notre équilibre psychosomatique. Dans le cadre de la dépression, il est recommandé de supprimer les produits industriels transformés et de privilégier une alimentation brute et naturelle riche en Oméga-3, en vitamines B9, B12, B6 et en tryptophane (acide aminé essentiel précurseur de la sérotonine). Il est aussi essentiel d'avoir un apport quotidien en vitamine D. D'une façon générale, vous trouverez tout cela dans le régime dit « méditerranéen ». Demandez à votre entourage de vous préparer des petits plats d'aliments vivants et colorés qui régalent autant les yeux que les papilles et le moral en sera transformé !

Enfin, sur le chemin de la guérison, que votre médecin vous ait prescrit des antidépresseurs ou non, il va être nécessaire de faire un travail sur les émotions à l'aide d'un thérapeute. Cela va être important de comprendre les émotions qui vous traversent, d'associer les pensées qui en sont à l'origine, de dégager le négatif pour avancer à nouveau en harmonie sur votre chemin. Vous ne pouvez pas réaliser ce travail seul ou avec ceux que vous aimez. Vous devez trouver un thérapeute en qui vous avez confiance, pour vous aider à dépasser cet épisode. Il ne s'agit pas de vous allonger pendant dix ans sur un divan, mais d'apprendre à vous soigner pour guérir et prévenir une éventuelle rechute. Et oui, la vie n'est pas un long fleuve tranquille ! Et parfois, elle nous propose à plusieurs reprises les mêmes difficultés. Ce qui n'est pas si terrible en soi, car une fois que l'on a appris à marcher, on se relève beaucoup plus vite !

Voici les principaux ingrédients qui vous permettront de guérir d'un épisode dépressif. Vous l'avez compris, ces éléments permettent de travailler sur tous les aspects constitutifs d'une personne : le physique, le psychique, le biologique, l'émotionnel (et même, en fonction de votre thérapeute, sur l'énergétique et le spirituel). Cela va certainement vous amener à revoir entièrement votre hygiène de vie globale. Cela ne sera pas facile au début, car cela va vous demander de l'énergie alors que vous n'en avez déjà plus beaucoup. Mais votre entourage et votre thérapeute sont là pour vous aider à avancer, pas à pas, vers la guérison. Le contenu et la durée de chaque étape vers la guérison seront propres à chaque personne, en fonction de son histoire et de son évolution sur son chemin de vie. Il y aura des hauts et des bas, on ne peut retrouver son équilibre d'un claquement de doigts, mais dans tous les cas il y aura guérison et transformation.[3] Bien après que vous soyez sorti du tunnel, en vous retournant, vous verrez qu'en fait, aussi douloureux que cet épisode ait pu être, il a aussi été une opportunité pour changer, évoluer, avancer sur le beau chemin de la vie. L'être humain a souvent besoin du chao, de "la mal à dit", pour sortir de sa zone de confort et accepter l'évolution qui est la sienne. En ce sens, la maladie est souvent un mal pour un bien. Je sais pour l'instant, vous souffrez, et vous n'avez que faire de ces belles paroles ! Faites-vous aider, ne restez pas seul et nous en reparlerons !

---

[3] Sauf cas pathologique grave qui ne fait pas l'objet de cet ouvrage, bien entendu.

LE BURNOUT

OU ÉPUISEMENT PROFESSIONNEL

HISTOIRE : SANS CRIER GARE...

En se levant ce matin, Lisa sentit un léger pincement dans le bas du dos. « Mince, comment ai-je dormi moi, cette nuit ? Je suis toute coincée ! Allez, ce n'est pas grave, il ne faut pas trainer ! »

Comme tous les jours Lisa avait fait sonner son réveil à six heures pour commencer son travail à huit. Elle était chargée de clientèle pour une des cinq premières banques de France. Son agence était à seulement quinze minutes à pieds de son appartement, mais elle avait besoin de temps le matin. Elle faisait une heure de yoga et de méditation avant le petit déjeuner. Elle avait instauré ce rituel matinal et n'y dérogeait pas, même pendant les vacances. Sa séance consistait en l'enchainement de quelques postures debout et au sol, des respirations lentes et profondes et vingt minutes de médiation assise en tailleur. Une routine que son corps lui réclamait chaque jour. Elle s'était assouplie au fil du temps. Elle était moins aux prises avec ses émotions, moins dans le jugement, et prenait les évènements tels qu'ils se présentaient sans se soucier à l'avance de la façon de les gérer. À seulement trente ans, Lisa se sentait sereine, en équilibre, bien dans son corps, bien dans sa tête, bien dans sa vie.

— Bonjour, Lisa, comment vas-tu ?

— Super bien, merci, Sylvie. Et toi comment te sens-tu ?

— Oh couci-couça ! Tu sais, c'est toujours pareil à la maison, les enfants ne font que se disputer. Ma grande a décidé d'arrêter les études et de partir vivre avec son amoureux. Le petit, lui, est infernal au collège ; je suis encore convoquée par sa professeure principale. Et pour couronner le tout, mon mari ne me soutient pas, il est de moins en moins à la maison et je me retrouve seule avec les gosses tous les soirs et les week-ends maintenant. Alors comment je me sens ? Eh bien, je n'ai pas vraiment le moral en ce moment. Heureusement qu'il y a le travail, et puis toi qui est toujours aussi rayonnante le matin. Tu es mon rayon de soleil Lisa. Je te souhaite de passer une bonne journée.

— Merci, Sylvie. Je te souhaite aussi une bonne journée. À tout à l'heure pour le déjeuner.

Lisa était une bonne collègue de travail. Toujours positive, souriante, à l'écoute des autres. Elle se savait appréciée pour son tempérament enjoué et attentionné. Elle ne parlait que très rarement d'elle au travail, elle se contentait le plus souvent d'écouter ses collègues avec attention.

Ce jour-là, en entrant dans son bureau, Lisa trouva un post-it collé sur son ordinateur. Son chef lui demandait de le rejoindre dans son bureau, à neuf heures sans faute. Que se passe-t-il ? Que va-t-il donc lui annoncer ? Les réunions de travail sont programmées à l'avance, d'une semaine à l'autre. Son entretien annuel a eu lieu il y a six mois. Elle n'a pas connaissance de problèmes particuliers pour la banque en ce moment. Qu'est-ce que son chef peut bien lui vouloir ? C'est inquiète, qu'elle se présente à lui.

— Bonjour, Monsieur Martin, vous vouliez me voir ?

— Ah oui, Lisa, asseyez-vous ! Bon, je ne vais pas y aller par quatre chemins. J'ai regardé les chiffres du semestre et pour la première fois, vous êtes légèrement en dessous de vos objectifs Lisa, et vous m'en voyez vraiment déçu. Vous ne m'avez pas habitué à cela. Ce n'est pas dramatique, mais il va falloir mettre les bouchées doubles. D'autant plus qu'étant donné la situation économique actuelle, j'ai doublé vos objectifs pour la fin de l'année. Vous comprenez bien que je ne peux pas faire autrement. Là-haut, à la direction, ils nous mettent une pression de fou. L'agence doit absolument améliorer très rapidement ses performances. Débrouillez-vous comme vous voulez, mais faites signer plus de contrats à vos clients, vous devez doubler vos ventes. On se revoit dans un mois pour vérifier la tenue de vos objectifs.

— Mais Monsieur, je pense déjà m'investir au maximum, je ne sais pas comment je peux faire plus.

— Moi non plus, je ne le sais pas, et je ne veux pas le savoir d'ailleurs, débrouillez-vous ! On fait le point dans un mois.

En retournant dans son bureau, Lisa se sentait triste, abattue. Comment allait-elle faire pour doubler ses ventes de produits ? Cela faisait huit ans maintenant qu'elle travaillait pour cette banque. Elle avait été embauchée à l'issue de sa licence Banque-Finance, spécialité Chargée de clientèle, qu'elle avait préparée en alternance dans une autre agence de la banque. Le directeur de l'agence dans laquelle elle avait fait son apprentissage n'avait pas tari d'éloges à son sujet pour l'embaucher. Elle s'était sentie valorisée, fière d'elle, de ses compétences. Elle n'avait pas souffert pour rien. Ses études l'avaient épuisée. Il y avait énormément de travail à fournir pour l'école et pour la banque, le cursus était très exigeant, il fallait vraiment s'investir. Pour réussir, elle avait renoncé, pendant toute la durée du BTS et de la licence, soit trois années au total, à toute vie sociale. Terminées les soirées entre amis, les cours de danse avec les copines, les vacances à la campagne avec ses parents. Elle n'avait jamais eu de facilité particulière et devait beaucoup travailler pour obtenir des notes convenables.

« C'est ainsi, ce n'est pas grave, ce n'est que pour un certain temps. Quand j'obtiendrai mon diplôme, j'aurai un bon travail avec un bon salaire et j'aurai tout loisir de reprendre la danse, de voir ma famille et de partager de bons moments avec mes amis », se disait-elle pour s'apporter la motivation et l'énergie suffisantes à tant d'efforts.

Elle avait obtenu son diplôme et avait été embauchée par la banque pour travailler dans une autre agence. Le salaire était à peine supérieur au SMIC, mais il fallait bien commencer ! Elle avait pris un appartement. Trente mètres carrés, à quinze minutes du centre-ville et de l'agence. Avec les aides, elle s'en sortait bien, il lui restait la moitié de son revenu quand elle avait payé ses factures à la fin du mois. Elle était satisfaite, elle se contentait de peu.

À l'agence, avant de se voir confier un portefeuille client, elle devait assurer un tas de tâches subalternes pour alléger ses collègues, et pour faire ses preuves et encore faire ses preuves. Ses journées étaient interminables. Le soir quand elle rentrait chez elle, elle se sentait épuisée, vidée. Elle grignotait quelque chose rapidement et souvent allait se coucher de bonne heure pour être en forme le lendemain. Elle devait être performante, efficace.

À la fin de sa première année en tant que salariée de la banque, pour son premier entretien annuel, elle était aux anges. Son chef ne lui avait fait que des compliments sur son travail et son implication. Ça y est, elle pouvait avoir son propre portefeuille client. Bien sûr pendant encore une année, elle travaillerait en binôme avec un collègue plus expérimenté. Pour l'augmentation de salaire, son chef lui promit de faire le nécessaire l'année suivante. Tellement contente de ce résultat, Lisa redoubla d'assiduité et d'implication. Tant pis pour la danse et les copains, ils attendront bien encore un petit peu ! Elle ne voyait plus grand monde. Elle travaillait le samedi, se sentait décalée par rapport aux autres et surtout trop fatiguée pour sortir. Le dimanche, elle faisait un brin de ménage dans son appartement, lisait un peu et dormait beaucoup pour récupérer de sa semaine.

Les premières douleurs étaient apparues deux ans environ après son embauche. Des douleurs violentes, poignantes dans le bas du dos. Elle mettait cela sur le compte d'un faux mouvement, d'un coup de froid sur les reins. Un jour, elle était restée complètement bloquée, incapable de sortir de son lit.

C'était quand même malheureux d'en être déjà là, si jeune. Elle décida de se reprendre en main. Elle était trop sédentaire. Elle s'inscrivit à un cours de yoga dispensé sur la pause méridienne, juste à côté de l'agence. Que c'était dur au début, son corps était tout raide. Elle faillit abandonner, mais a persévéré et ressenti le bien être de son corps qui s'assouplissait. À la fin de chaque cours, il y avait un temps de méditation guidée par son professeur. Elle appréciait vraiment ce moment où les pensées se calment, ou le mental se met au repos. Elle ressentait tant de bénéfices, qu'elle prit l'habitude de se lever plus tôt pour faire un peu de yoga et de méditation seule chez elle. Elle trouva un équilibre, son équilibre. Les douleurs étaient moins présentes, elles les entendaient moins. Elle avait surtout un excellent moral. Elle avait de très bonnes relations avec ses collègues de travail qui la voyant sourire tous les matins, lui confiaient facilement leurs petits soucis. À la banque, elle était réputée pour être toujours positive, à l'écoute et de bons conseils.

Régulièrement, le vendredi soir, les collègues célibataires de l'agence se retrouvaient pour boire un verre dans la brasserie d'à côté. C'étaient des moments très conviviaux où elle se détendait agréablement. Bien sûr, les discussions de la première heure tournaient souvent autour du travail, mais ensuite, tout le monde se lâchait un peu.

C'est ainsi que Lisa se rapprochât de Mathieu. Collègue célibataire de cinq ans son ainé, Mathieu était chargé de clientèle pour les entreprises, il avait un très bon poste. Il ne vivait que pour sa carrière. Un vendredi soir, peut-être plus alcoolisé que les autres, très discrètement, Mathieu proposa à Lisa de la raccompagner chez elle. Elle accepta, lui offrit un dernier verre et ils firent l'amour.

— Mais Mathieu, pourquoi avons-nous attendu tout ce temps ? Je suis si bien avec toi. Nous avons tant en commun, tant de choses à partager. Je ne veux plus passer une journée sans toi.

— Moi aussi je me sens bien avec toi Lisa. Tu es vraiment très jolie et tu es plutôt douée au travail. Oui, on pourrait faire un bout de chemin ensemble.

Lisa était sur un petit nuage, elle planait complètement. Mathieu, le beau Mathieu, le responsable adjoint de l'agence, le bras droit de son chef, la trouvait belle et compétente. Mathieu, son Mathieu. Elle était amoureuse.

Lisa se débrouillait pour le croiser tous les jours à l'agence. Elle lui envoyait un regard tendre, langoureux, mais surtout discret, car personne ne devait être au courant de leur relation. Elle travaillait encore plus, se démenait, elle voulait qu'il soit fier d'elle, de ses performances. Le soir, ils se retrouvaient chez lui pour boire un verre de vin, grignoter un plat qu'ils se faisaient livrer et faire l'amour la moitié de la nuit. Elle se sentait bien, merveilleusement bien.

Ils se levaient tôt le matin. Mathieu habitait à trois quarts d'heure de l'agence et voulait y arriver de bonne heure. Ils auraient pu partager l'appartement de Lisa, mais Mathieu préférait rester dans ses affaires à lui. Elle ne pouvait plus faire son yoga et sa méditation qui lui faisaient pourtant tant de bien, mais tant pis, Mathieu semblait heureux. Ils parlaient de la banque, du métier, de leurs carrières. Ils dînaient dans des lieux magnifiques, faisaient l'amour tout le dimanche, roucoulaient tous les deux, mais ne voyaient personne. Mathieu ne voulait pas que leur relation soit connue de tous. De toute façon, il n'avait pas d'ami, pas le temps pour cela, et il n'avait pas l'intention de voir ceux de Lisa.

— Non, je n'ai pas envie de rencontrer tes amis. Ils ne font pas le même métier que nous, ils ne peuvent pas comprendre nos contraintes, je n'aurai rien à leur dire. Vas-y sans moi s'il te plait, je préfère regarder un bon film.

— D'accord, comme tu veux mon chéri, je ne les vois vraiment pas souvent, et j'aurais aimé te présenter, tant pis, une prochaine fois peut-être ?

Les mois passèrent. Lisa manquait de sommeil, elle avait du mal à se lever le matin. Elle avait moins d'entrain même si elle était amoureuse. Les douleurs dans le bas du dos étaient revenues, de plus en plus vives, de plus en plus fréquentes, mais au travail elle se rapprochait de ses objectifs. Elle avait pris quelques kilos, avait souvent des maux de ventre, mais elle allait recommencer son yoga.

Un lundi matin, au réveil, elle ne se sentait vraiment pas bien. Une grande fatigue, sensation de torpeur, des vertiges et de fortes nausées. Elle n'avait pas eu ses règles depuis un moment, mais cela ne l'inquiétait pas, ses cycles n'étaient pas réguliers et puis, avec Mathieu, ils se protégeaient. Même si elle s'était furtivement posé la question, elle était certaine de ne pas être enceinte, c'était autre chose. Elle se sentait étrangère à son corps, c'était inhabituel et véritablement désagréable, un peu comme si elle était à côté d'elle-même.

— Eh, tu te bouges Lisa, on va être en retard, lui cria Mathieu depuis la cuisine.

— Désolée mon chéri, mais je ne me sens pas bien ce matin. Je peux peut-être rester un moment chez toi et aller à la banque plus tard. Je te déposerai les clefs discrètement dans ton bureau.

— Non, tu sais que je n'aime pas ça. Je ne veux éveiller aucun soupçon. Qu'est-ce que tu as ?

— Je ne sais pas, j'ai des vertiges et des nausées. Je ne tiens pas bien sur mes jambes. Peut-être une chute de tension ?

— Des nausées ? C'est quoi ce bordel, tu n'es quand même pas enceinte ? Si c'est ça, tu sais ce que j'en pense, j'ai été très clair dès le début, n'est-ce pas ?

— Oui, oui, je sais, mais ne t'inquiète pas ce n'est pas ça, rien de grave, ça va passer, j'arrive.

Lisa rassembla toutes ses forces pour se rendre à l'agence. Les vertiges étaient de plus en plus forts, mais elle devait faire bonne figure devant ses collègues. Elle serra les dents, se cramponna à son bureau et essaya de se concentrer sur son travail. Les lettres bougeaient toutes seules sur son écran. Elle entendait un brouhaha autour d'elle, mais ne distinguait pas clairement les conversations. Tout devenait flou dans sa tête. Sa gorge se nouait. Elle avait du mal à respirer. Et puis plus rien. Le trou noir. Quand elle reprit connaissance à l'hôpital, elle n'avait aucune idée de comment elle était arrivée là et depuis combien de temps elle y était. L'infirmière lui expliqua qu'elle avait été amenée par les pompiers, il y a trois heures environ. Elle avait fait un malaise au travail. Elle allait rester en observation toute la nuit et si tout allait bien, demain elle pourrait rentrer chez elle. Il faudrait qu'elle se repose, qu'elle prenne un traitement et qu'elle commence une thérapie. Ça allait être long, mais elle s'en sortirait. Elle avait fait un burnout.

ILLUSTRATION : LE CAS DE JOËL

Joël est adressé par son médecin qui lui a prescrit des antidépresseurs et des anxiolytiques et un arrêt de travail d'un mois pour cause de burnout. Voici un extrait du premier entretien.

— Je suis en arrêt de travail, j'ai fait un burnout, je suis sous antidépresseurs et anxiolytiques. Je ne me reconnais plus, je ne comprends pas ce qui m'arrive. Mon médecin m'a conseillé de voir quelqu'un, est-ce que vous pouvez m'aider ?

— Pouvez-vous me dire comment cela s'est passé exactement ?

— En rentrant du travail, au volant de ma voiture, j'ai fait un malaise. Cela s'est mis à tourner autour de moi, j'ai eu le temps de m'arrêter et j'ai perdu connaissance quelques instants, j'ai réussi à retrouver mes esprits et à rentrer chez moi. J'étais épuisé et je me suis effondré en pleurs. Le lendemain, je n'ai pas pu me lever et le médecin m'a prescrit deux semaines de repos. Je ne me suis jamais arrêté, je n'aime pas ça, même l'hiver si j'ai la grippe je vais quand même au travail. Je me suis dit que j'allais me reposer deux ou trois jours et qu'après ça irait mieux. Or tous les jours, je me sentais exténué, sans aucune envie, incapable de ne rien faire, je pleurais beaucoup sans savoir pourquoi, j'ai aussi perdu beaucoup de poids, car je n'arrivais plus à manger. Le plus étonnant c'est que je suis épuisé et pourtant je n'arrive pas à dormir. Je mets beaucoup de temps à m'endormir, je pense à plein de choses et notamment à mon travail, à tout le retard que je suis en train d'accumuler et qu'il va falloir que je rattrape. Ensuite, je m'endors un peu et je me réveille vers quatre heures du matin, très oppressé. J'ai parfois des idées noires qui me viennent à l'esprit en fin de journée. Ma femme me dit de me secouer un peu, de m'obliger à sortir, à faire des choses, je vois bien que ça l'énerve, mais je ne peux pas. Au bout de deux semaines, je suis retourné chez mon médecin traitant qui m'a mis sous antidépresseurs et anxiolytiques et m'a arrêté un mois supplémentaire. Il m'a dit que j'avais fait un burnout et qu'il fallait que j'entame une thérapie en parallèle des médicaments. Je suis sous antidépresseurs depuis un peu plus de trois semaines et je commence à me sentir légèrement mieux.

— Pouvez-vous me dire en quoi consiste votre travail ?

— Je suis responsable sécurité dans une grosse entreprise. Il y a beaucoup d'opérations de maintenance à réaliser et pour chaque intervention je dois sécuriser les lieux. C'est assez stressant, car l'environnement est dangereux et de mon travail dépend la sécurité des personnes qui interviennent. J'aime bien mon travail. J'ai galéré pour en arriver là. Je suis rentré dans l'entreprise en intérim, tout en bas de l'échelle, je n'avais pas beaucoup de bagages et à force de travailler, j'ai réussi à grimper les échelons. Cela fait seulement cinq ans que je suis titulaire à ce poste et j'en suis vraiment content, cela a été dur, j'ai dû sacrifier beaucoup de temps à ma famille, mais enfin aujourd'hui j'ai un poste à responsabilités.

— Vous avez un joli parcours qui semble vous avoir demandé beaucoup d'engagements pendant de nombreuses années. Est-ce que ces dernières années, il y a eu des modifications dans votre travail ?

— Oui, depuis deux ans, j'ai un nouveau chef. Il est plus jeune que moi, il a plein de diplômes et a été embauché directement à ce poste. Il est arrivé avec de nouvelles façons de travailler alors au début c'était un peu dur, car il a fallu que je m'adapte, que je change ma façon de faire. Je prends un peu plus de temps par rapport à avant, mais en restant un peu plus tard je m'en sors. Sauf qu'en ce moment il y a de plus en plus de travail et que je suis toujours dans l'urgence, stressé, j'ai plus le temps de me poser pour réfléchir. J'ai fait des erreurs et mon chef me les a reprochées. Lors de mon dernier entretien d'évaluation, il m'a donné des objectifs inatteignables et m'a demandé de faire des efforts pour m'améliorer. Je trouve ça un peu rude. Il débarque, il ne sait pas tout ce que j'ai fait avant, il me donne de plus en plus de boulot en plus et me reproche de faire des erreurs. Il y a aussi mon bureau. Quand je suis revenu de mes congés d'été l'an dernier, il avait été déménagé dans une pièce borgne au fond du couloir. Je ne suis plus avec mes collègues et il n'y a pas de lumière. Mon chef m'a dit que comme je n'y suis pas souvent, je suis plus sur le terrain, ce n'est pas grave. Je me sens quand même tout seul, isolé des autres et je ne peux pas obtenir d'informations facilement de la part de mon chef. Maintenant si je veux lui parler, il faut que je prenne un rendez-vous. J'avoue que depuis qu'il est arrivé je me sens moins bien au travail. J'aime toujours mon travail, mais j'ai trop de pression, je me sens stressé, j'ai toujours peur de faire une erreur et de me faire disputer par mon chef.

INTERPRÉTATION

Le discours est sensiblement toujours le même. Qu'il s'agisse d'un homme, d'une femme, que l'entreprise soit petite ou grande ; quel que soit le secteur d'activité ou la catégorie socioprofessionnelle, les personnes qui font un burnout décrivent des situations similaires. Elles décrivent des situations de stress importantes qui aboutissent à des ruptures brutales et souvent dramatiques pour la santé. Une véritable souffrance au travail est ressentie par le salarié. Ce stress, cette souffrance prennent naissance dans une relation hiérarchique maltraitante. Le manager, plus ou moins consciemment et en fonction des contraintes qu'il subit lui-même de sa hiérarchie, va enchainer de nombreuses erreurs[4] relationnelles avec son salarié. Il va lui mettre la pression, le surcharger, le rabaisser, le mettre en situation d'échec pour atteindre les objectifs de l'entreprise. Le salarié va résister longtemps, voire très longtemps avant de tomber malade. Les personnes touchées par le burnout, ou syndrome d'épuisement professionnel, sont endurantes, consciencieuses, très impliquées, avec une bonne capacité de travail, et dont l'éducation a placé la valeur travail en priorité. Elles sont soucieuses de faire du bon travail dans l'intérêt de

---

[4] Je préfère penser que ce sont des erreurs dues à un manque de formation, plutôt que des agissements consciemment malveillants.

l'entreprise. Ce sont toujours de bons éléments dans l'entreprise. Elles résistent, tentent de prendre sur elles, de ne pas faire cas, jusqu'au jour où leurs corps les lâchent complètement. Avant l'effondrement psychosomatique total, il y a souvent eu des signes annonciateurs, que le salarié n'a pas voulu voir, tels que de la fatigue, du stress, des difficultés de concentrations, de l'agressivité envers les autres ou lui-même, des troubles musculo-squelettiques, cardiovasculaires ou gastriques. Poussé par sa conscience professionnelle, le salarié a tenu, résisté, jusqu'à ce que la corde casse ! Et quand ça casse ça fait très mal et l'on finit aux urgences, car dans la plupart des cas il y a un malaise au travail ou en se levant le matin pour y aller. Il y a souvent des vertiges, étourdissements, sensation de perdre pied dans les symptômes de burnout.

Le burnout ou épuisement professionnel est une pathologie de surcharge (de travail, de stress) sous-tendue par des relations pathogènes de pouvoir et d'isolement. Les personnes évoquent le plus souvent des difficultés relationnelles avec leur supérieur, du type : modifications des pratiques de travail, surcharge, contrôle abusif, aucune reconnaissance du travail réalisé, refus de communication verbale et rétention d'informations, utilisation de l'entretien d'évaluation pour déstabiliser et mettre sous pression, fixations d'objectifs inatteignables, changements d'horaires de travail ou déplacement du bureau pour isolement, mise à l'écart des collaborateurs.

De façon générale, ces relations pathogènes s'installent insidieusement, dans la durée, le salarié très investi, surchargé et pressurisé n'a plus la capacité de recul suffisante pour enrayer le processus et éviter la rupture. Un jour, dépassant son seuil d'équilibre psychosomatique, son corps le lâche et il souffre de symptômes tels que : malaise, perte de connaissance, étourdissements, acouphènes, douleurs musculaires diverses, fatigue extrême, troubles du sommeil, de l'appétit, perte de confiance en soi et de motivation, pensées violentes ou suicidaires.

Le burnout est la conséquence d'une situation professionnelle devenue insupportable pour le salarié et cela va forcément entrer en résonance avec la sphère personnelle ou familiale de la personne. Nous ne sommes pas uniquement des professionnels, nous sommes un tout, nous ne pouvons pas cloisonner, nos différentes sphères familiales, sociales, personnelles et professionnelles, elles sont poreuses. Les répercussions du burnout atteindront donc la personne dans son entièreté et malheureusement certains supérieurs hiérarchiques tenteront de requalifier le burnout en dépression lambda : « C'est parce qu'il a des problèmes à la maison, qu'il ne supporte pas la pression ! » Ce genre de propos n'est pas tolérable et ne devrait en aucun cas excuser le comportement de certains managers.

Depuis 2015, le burnout peut être reconnu comme maladie professionnelle par le médecin du travail et la CPAM et les entreprises ont l'obligation de prendre les mesures nécessaires pour assurer la sécurité et protéger la santé physique et mentale des travailleurs. Ces mesures doivent comprendre des actions de prévention, des actions d'information, et une organisation adaptée à cette politique. La plupart des grosses entreprises mettent en place ces actions, mais les toutes petites ayant très peu de moyens et subissant la pression de leurs donneurs d'ordre, ont parfois plus de mal à le faire et se rendent, malgré elles, maltraitantes pour leur salarié. Ces derniers temps avec la crise sanitaire, le travail est en train de changer, il y a encore plus de pression, de peurs liées à la perte d'emploi et par conséquent de plus en plus de personnes qui s'épuisent au travail. Certains ont du mal à s'adapter aux changements de directives incessants, à la pression grandissante et finissent pas craquer. Il y a de plus en plus de burnout dans tous les secteurs d'activité, tous les métiers, toutes les catégories socioprofessionnelles, toutes les classes d'âges et tous les genres. Le travail qui était la source principale de notre épanouissement semble être devenu maltraitant pour beaucoup.

PROPOSITIONS

Le burnout est une maladie longue à guérir, car la personne qui en souffre ne veut pas l'admettre dans un premier temps. Elle a souvent refusé les arrêts de travail aux premiers symptômes et a attendu de ne pas pouvoir se lever ou de faire un malaise pour accepter l'arrêt de son médecin. Ce sont toujours des personnes qui surinvestissaient leur travail, qui en attendaient de la reconnaissance (comme tout un chacun), qui ne s'arrêtaient jamais et elles se sentent envahies par un sentiment de culpabilité de n'avoir pas su résister, tenir plus, face à la souffrance ressentie au travail. Ce sont des personnes endurantes, volontaires, battantes, qui vivent l'arrêt comme un échec personnel qui dégrade leur image d'elle-même et leur identité profonde. Elles qui plaçaient le travail en priorité, se sentent humiliées par leur impossibilité à faire face, à mobiliser des ressources, perdant toute confiance en elles. Elles ont honte de l'arrêt de travail synonyme, pour elles, de faiblesse. Il va donc falloir déjà du temps pour qu'elles acceptent l'arrêt de travail et pour qu'elles consultent un professionnel.

Dans ce cadre-là, la première étape vers la guérison consistera à faire comprendre à ces personnes qu'elles ne sont pas responsables de leur état, mais qu'elles sont victimes d'une organisation, d'un contexte économique et de dictats sociétaux. L'individualisme, la compétition, la précarité de l'emploi augmentent sans cesse la pression, le stress ressenti par les salariés coincés entre leur ambition, expression de la valeur travail support de leur identité et les injonctions paradoxales, incohérentes dictées par les marchés financiers. La seconde étape permettra de sortir du rôle de victime par un travail plus ou moins important de reconstruction narcissique, pour aboutir en troisième lieu à la mise en œuvre d'un nouveau projet de vie.

Il faut donc dans un premier temps les écouter et leur faire raconter ce qu'elles ont vécu pour les aider à comprendre comment le piège s'est mis en place et s'est refermé sur elles. Si elles ne voient pas la responsabilité de leur environnement de travail, elles ne pourront se libérer de la culpabilité et de la honte. Attention, je ne dis pas qu'il ne faut que les plaindre pendant des mois. Non, je pense qu'il faut reconnaitre ce qu'il s'est passé pour pouvoir, ensuite seulement, le dépasser. L'effondrement physique et psychique est tel que dans certains cas, cette première étape peut prendre plusieurs mois. La personne doit accepter de ne rien faire, de se reposer, dormir et voir son thérapeute très régulièrement.

Quand le corps sera reposé, les pensées seront un peu plus claires et il sera possible de travailler à la reconstruction de la personnalité. Il va falloir aider la personne à puiser dans ses ressources pour reprendre confiance en elle et en ses capacités à travailler à nouveau. Pendant cette phase, les différentes sphères de la personnalité vont être explorées pour rebâtir, petit à petit, une identité qui ne soit pas uniquement fondée sur le travail. Plus l'effondrement aura été violent, plus longue sera la reconstruction.

Enfin, quand la personne se sera retrouvée, qu'elle ira mieux, nous pourrons aborder son projet de vie et son nouveau projet professionnel. Dans les cas graves de burnout, les personnes ne retournent pas dans leur ancien poste et se reconvertissent dans un métier moins impliquant. En général, à ce stade, la personne est accompagnée par la médecine du travail et pôle emploi pour son retour dans le monde du travail. Cette étape peut être l'occasion de faire une formation, de changer complètement de branche, de faire ce que l'on rêvait de faire depuis toujours. C'est une ouverture positive sur un futur plein de belles promesses. La reprise se fera progressivement et environ six mois après nous pourrons considérer que la personne est guérie du burnout. En tout cas de celui-ci !

Le burnout est une rupture, une crise, un effondrement dramatique pour la personne qui le vit, c'est d'une violence extrême. Mais c'est aussi, une fois que l'on en est sorti, une opportunité pour grandir, apprendre, changer, sortir de schémas qui emprisonnent et s'épanouir dans un travail qui nous correspond mieux. Comme toute crise, c'est très dur à vivre, mais ça nous oblige à sortir de nos zones de confort pour avancer sur notre chemin et vivre un futur plus respectueux de ce que nous sommes.

L'ANGOISSE

HISTOIRE : PAS DE PANIQUE !

Je ne peux plus respirer, j'étouffe, mon cœur bat trop vite. Qu'est-ce qu'il se passe ? Je suis en train de faire une crise cardiaque. Je le sens bien, j'ai un point dans le cœur. Je crois que j'ai mal au bras aussi. L'air ne passe plus dans ma gorge, ça fait mal. Je tremble, j'ai des fourmis dans les jambes. Je suis en train de mourir. J'ai peur.

— Aide-moi, fais quelque chose je t'en supplie. Je ne me sens pas bien, tu vois bien que je ne me sens pas bien. Appelle les pompiers, s'il te plait, je ne veux pas mourir.

Julie est d'un tempérament plutôt calme et imperturbable, mais là, de voir son mari dans un tel état de panique, elle se sent quelque peu déstabilisée. Que se passe-t-il ? Est-ce qu'il fait vraiment une crise cardiaque ? Va-t-il mourir ? Elle sent la peur l'envahir. Elle doit agir, elle compose le 15 sur son téléphone.

— Venez vite s'il vous plait, mon mari est en train de faire une crise cardiaque. Je ne sais pas quoi faire !

— Calmez-vous Madame, est-ce que votre mari est conscient ? Est-ce qu'il respire ? Est-ce qu'il a mal quelque part ? Quels symptômes présente-t-il ? Bon OK, ne vous inquiétez pas, donnez-nous votre adresse, nous allons venir. Couvrez-le et restez à côté de lui, on arrive.

— Merci, mais faites vite, je vous en supplie.

Dix minutes après le SAMU est là, auprès de Damien. Ils l'examinent, le rassurent, rassurent Julie, l'installent sur le brancard et l'emmènent aux urgences de l'hôpital. Julie a peur malgré tout, et c'est, stressée, qu'elle prend sa voiture pour suivre l'ambulance. Elle veut être auprès de Damien, l'accompagner, elle espère que tout va bien aller, que ce n'est pas trop grave. Elle ne l'avait jamais vu dans cet état.

Aux urgences, Damien est déjà un peu moins agité. Il est rapidement pris en charge par le personnel soignant qui lui fait passer plusieurs examens. Il attend les résultats, Julie est auprès de lui, il se sent mieux, en sécurité. Il n'a plus mal et il a l'impression de mieux respirer. Il n'est pas complètement apaisé, mais il n'a plus peur de mourir, il sait qu'il ne risque plus rien maintenant, que l'on s'occupe de lui. Quelque temps plus tard, un médecin vient le voir avec les résultats de ses examens. Il n'a rien. Rien d'organique, aucune lésion, aucun dysfonctionnement. Son cœur fonctionne parfaitement bien, il n'a pas fait de crise cardiaque.

Il a fait une crise de panique, une grosse crise d'angoisse. Le médecin lui fait placer une perfusion d'anxiolytique. Il va rester dans la chambre deux heures le temps que la perfusion passe et il pourra rentrer chez lui. Il ne devrait y avoir aucune suite, cela ne devrait pas se reproduire. Néanmoins, s'il continuait à ne pas se sentir bien, il serait préférable qu'il aille voir son médecin traitant.

Julie et Damien sont tous les deux soulagés. Damien n'a rien de grave, il a fait une crise de panique, il n'aura aucune séquelle, il a eu très peur, mais il n'a absolument pas failli mourir. La pression retombe, l'anxiolytique fait son effet, Damien s'apaise et s'endort même un moment.

De retour chez lui, le week-end est le bienvenu. Damien peut se reposer et retrouver ses esprits. Il n'avait jamais vécu une telle expérience, une peur si intense. Il voudrait bien savoir ce qu'il s'est passé réellement. Il n'avait jamais entendu dire que l'angoisse pouvait engendrer ce genre de sensations, car là c'était bien réel dans son corps. La douleur, la tachycardie, l'étouffement, tout cela était bien réel. Il doit avoir un problème cardiaque quand même. Il fait part de ses inquiétudes à Julie.

— Tu sais Julie, je ne comprends pas. Tout allait bien et puis d'un coup je me suis senti mal. Pourtant il ne s'est rien passé juste avant. Ça va bien entre nous deux, depuis que je suis avec toi, je me sens vraiment bien. On s'amuse bien, on partage plein de choses. Je suis toujours aussi amoureux de toi. Et puis, on va finir par l'avoir ce bébé à nous. On va bien y arriver. Ce n'est pas parce que les deux premières fois n'ont pas abouti que l'on ne va pas y arriver. J'aime bien notre nouvelle maison, surtout depuis que les travaux sont terminés, on peut enfin se poser. Tout est à nouveau bien rangé, bien à sa place et je trouve le résultat très joli. Au travail, je suis content, je commence à trouver mes marques. Ce nouveau poste m'a demandé beaucoup d'efforts et d'investissement, mais maintenant au bout d'un an, je trouve ma vitesse de croisière. J'ai les félicitations de mon chef qui m'encourage à poursuivre ainsi et me promet une promotion d'ici cinq ans. Tout va bien.

— C'est vrai, on a une belle vie alors ne t'inquiète pas, c'est terminé, ce n'était rien, oublie tout ça, ça va aller.

En lui-même, Damien se disait : « Ne t'inquiète pas, ne t'inquiète pas... si je m'inquiète, c'est facile pour elle de me dire ça, elle n'a pas failli mourir. »

À trente ans, Damien est un jeune homme simple, plutôt introverti, mais bien adapté à la vie d'aujourd'hui. Il sait ce qu'il veut et anticipe tout. Il prévoit, il organise, il maitrise. Il maitrise tout, et tout le temps. Il a toujours tout maitrisé d'aussi loin qu'il s'en souvienne. Quand il était petit, avant de se lancer dans quelque chose de nouveau, il en étudiait tous les tenants et les aboutissants pour ne prendre aucun risque. Aucun risque d'échouer. Il fallait réussir bien du premier coup, il cherchait la perfection. Il était le cadet dans sa fratrie.

Devant lui, son frère ainé était brillant, excellent élève, sportif classé et musicien, il faisait la fierté de ses parents qui ne tarissaient jamais d'éloges à son égard. Pour Damien, l'école était moins facile, il suivait normalement, mais devait travailler assidument pour des notes moyennes. Ses parents le comparaient souvent à son frère, déplorant qu'il ne réussisse pas aussi bien. Il n'aimait pas le sport, d'une morphologie plutôt chétive, il ne voyait pas la nécessité de transpirer pour rien et n'était pas casse-cou. Il avait peur de se faire mal ou qu'on lui fasse mal. Il n'avait pas de passion non plus, comme son frère. Beaucoup de choses l'intéressaient, mais pas une plus qu'une autre et à part la lecture rien ne le faisait réellement vibrer.

Timoré, il aimait les plaisirs simples dans lesquels il se sentait en sécurité. Ses parents l'aimaient, il en était convaincu, comme il était convaincu de les aimer, mais il savait aussi qu'il les décevait, qu'il n'était pas aussi parfait que son frère. Il se mettait la pression pour rendre ses parents fiers de lui, mais ceux-ci ne se rendaient pas compte qu'il ne le valorisait pas suffisamment.

Damien s'est construit avec une faible estime de lui. Alors pour se rassurer, pour avancer, pour atteindre son idéal de perfection à lui, il avait besoin de maitriser. De contrôler son environnement pour être sûr d'y arriver. Il contrôlait son apparence vestimentaire, il était toujours tiré à quatre épingles. Il choisissait des vêtements de qualité qu'il assortissait avec goût. Sa coiffure était impeccable aussi. Cela lui donnait un petit air rétro dont il était persuadé qu'il disposait les autres à un meilleur égard envers lui. Il ne parlait pas pour ne rien dire et son vocabulaire était soutenu. Sa chambre d'enfant, son studio d'étudiant et sa maison maintenant, sont parfaitement bien rangés. Tout est ordonné et propre. Il ne supporte pas le désordre et la saleté. Ça le met vite mal à l'aise. Si la vaisselle traine dans l'évier ou si un tableau n'est pas accroché bien droit, il ne peut s'empêcher de stopper ce qu'il fait pour laver et redresser sous peine de voir son esprit envahi. Il gère parfaitement son budget, est très économe et ne prend aucun risque pour lui ou pour son couple. Tout est calculé. Il veut que tout soit parfait, alors il contrôle, ça le rassure.

Il a tellement peur que les choses ne se passent pas comme il le voudrait. Et s'il n'y arrivait pas ? S'il tombait malade ou pire si Julie tombait malade ? S'il était licencié ? S'il n'arrivait plus à payer la maison ? S'il tombait en panne avec la voiture ? S'il se faisait cambrioler pendant les vacances ? Si Julie ne l'aimait plus ? S'il fallait changer la chaudière ? Si ses parents avaient un accident ? Si on lui faisait du mal ? S'il se prenait un PV ? Il y avait toujours dans sa tête une multitude de questions qui lui faisaient peur et dont il ne pouvait parler à personne.

Les rares fois où il avait essayé d'exprimer ses peurs, on lui avait répondu qu'il était nul d'avoir peur de tout et de rien, qu'il ne fallait pas s'inquiéter. Bien sûr, il arrivait quand même à vivre, il arrivait à se raisonner, à chasser ses pensées quotidiennes effrayantes et pour cela, il planifiait, organisait, rangeait, contrôlait, maitrisait.

Au fil des années, il avait mis en place un système bien rodé pour avoir une belle vie et que ses parents soient fiers de lui. Mais ce système avait un coût. Cela consommait énormément d'énergie et l'empêchait de se relâcher pleinement, de véritablement se ressourcer en ne pensant plus à rien. Ne pouvant pas partager non plus cela avec ses proches, il gardait au fond de lui ses questions et ses peurs, ses angoisses. Il faisait la cocotte-minute ! Il emmagasinait sans jamais relâcher la pression. Or, si l'on ne soulève pas, de temps en temps, la soupape de sécurité, la cocotte explose.

Cela fait de nombreuses années que Damien vit sous pression sans s'en rendre compte. Pourtant son corps lui a envoyé quelques signes. Il a souvent les mâchoires complètement serrées lorsqu'il se couche. Parfois, Julie lui reproche même de grincer des dents en dormant. Il fait beaucoup de cauchemars effrayants qui le font se réveiller en sursaut et en nage. En fin de journée au travail, il ne sait plus comment se mettre devant son ordinateur pour ne pas avoir mal aux cervicales. Et ce point dans le dos qui ne le lâche jamais. Il a très rapidement arrêté de fumer, car il avait du mal à respirer, l'impression de manquer d'air. Il n'a jamais vu, entendu ces signes. Pour lui, il y avait toujours une raison parfaitement rationnelle et temporaire à ces maux qu'il maitrisait. Emporté par le tourbillon d'une vie moderne idéale, il n'a jamais rien vu ni entendu de ce que son corps lui disait.

Et là, cette crise de panique. Comment est-ce possible que l'angoisse seule puisse générer cela ? Il n'arrive pas à le croire. Pourtant depuis son passage aux urgences, il se rend bien compte qu'il est peut-être un peu plus stressé que la moyenne. En tous cas, plus stressé que Julie, qui elle, prend toujours les choses avec recul et calme. Rien ne l'inquiète à l'avance. Elle sait prendre la vie comme elle vient et gérer les situations tranquillement au fur et à mesure qu'elles adviennent. Comment fait-elle ? Il lui a souvent posé la question, mais elle est incapable de lui réponde.

— Je n'en sais rien moi, comment je fais. Je fais c'est tout. Je ne me pose jamais de questions à l'avance, je décide chaque jour de ce qui est bien pour moi ou non.

— Oui, mais comment es-tu sûre de l'impact de tes décisions sur les autres ?

— Sur les autres ? Je ne comprends pas ta question. Je ne m'occupe pas des autres, je fais les choses pour moi.

— Tu ne te demandes jamais si cela va plaire ou déplaire, si ta décision peut attrister ou blesser ?

— Non, en règle générale je ne pense pas à ça. Et si je m'aperçois que ce que je dis blesse l'autre alors je m'en excuse, ce n'était pas mon intention, et en général il n'y a pas de problème.

— Oh, je ne sais vraiment pas comment tu fais ça. Moi, je n'y arrive absolument pas. À chaque petite décision, je vois tous les scénarios catastrophes possibles. J'envisage toujours le pire. Je ne le fais absolument pas exprès, c'est ce qui me vient à l'esprit en premier. Tu vois, même le fait de discuter de tout cela avec toi, là maintenant, ça m'angoisse. J'ai la gorge nouée pour te parler et je sens de drôles de mouvements dans mon ventre, comme si j'allais avoir la diarrhée. Je me dis que je ne suis pas normal et que tu vas finir par me quitter. Tu dois me voir comme quelqu'un de faible sur lequel on ne peut pas compter. Tout m'effraie.

— Tu exagères Damien ! Tu n'es pas comme cela. Bon peut être que depuis ton passage par les urgences c'est plus compliqué pour toi, mais jusqu'ici ça allait. Je n'ai jamais remarqué que tout t'angoissait de la sorte. C'est vrai que tu es un peu maniaque et perfectionniste, mais tu arrives quand même à avancer dans la vie. Pour moi, tu es stable, fiable et sécurisant. Tu as la tête sur les épaules et c'est ce que j'aime chez toi. Je sais que je peux me reposer sur toi, que tu penseras à tout pour notre bien-être.

Ce que Damien vit comme une souffrance, c'est ce que Julie aime chez lui. Il se sent pris au piège dans un cercle infernal. Il va y laisser sa peau, il ne peut plus donner le change, il n'en a plus la force. Ça va péter, il le sent. Ça a déjà pété ! Et si cette crise de panique n'était arrivée que pour lui faire prendre conscience de son malaise. Lui faire comprendre que sa cocotte-minute est pleine, qu'il s'est épuisé à tout maitriser. Toutes ces peurs, ce contrôle, cette maitrise avaient du sens pour lui jusqu'ici, maintenant il se rend compte qu'il n'est pas superman, qu'il ne peut pas continuer ainsi au risque de tomber réellement malade cette fois-ci.

Ce soir, il prend la décision de consulter un professionnel qui pourra l'aider à comprendre et apprivoiser ses angoisses. Il a atteint ses limites et a envie de modifier des choses chez lui pour être plus à l'aise dans sa vie. Il sait bien que l'on ne change pas radicalement, qu'il gardera toujours son naturel anxieux, mais il sait aussi que l'on peut évoluer si on le désire vraiment. Et ce qu'il désire vraiment c'est être plus léger, plus insouciant dans sa vie, pour son bonheur, celui de Julie et de l'enfant qui viendra bientôt.

ILLUSTRATION : LE CAS DE SOPHIE

Sophie est une jeune femme de vingt-huit ans qui mène une vie très active. Elle travaille à préparer des commandes sur une grosse plateforme logistique. Son travail lui convient, car elle bouge beaucoup et elle a toujours eu besoin de mouvement. Elle ne supporte pas de rester assise ou allongée trop longtemps. En dehors de son travail, elle fait beaucoup de sport, particulièrement de la course à pied et de la boxe. Elle a tout le temps besoin de se défouler. Elle ne fume pas et ne boit pas pour être au top physiquement, bien qu'elle ait tendance à manger de grosses quantités de nourriture industrielle. Elle n'a pas le temps de cuisiner et n'aime d'ailleurs pas cela. C'est plus facile pour elle d'ingurgiter un plat surgelé tout prêt passé au four à micro-ondes.

Depuis trois ans, elle vit avec son compagnon, un jeune homme de vingt-huit ans également qui est beaucoup plus placide. Il est cariste dans une entreprise à côté de la sienne. Il ne bouge pas trop au travail et n'aime pas le sport, il préfère largement regarder la télé ou jouer aux jeux vidéo pour se relaxer. Leurs tempéraments étant opposés, il y a souvent des frictions entre eux deux, mais rien de bien grave. Ils partagent avec plaisir les soirées entre amis ou les dimanches en famille. À la maison, Sophie fait tout rapidement, elle est speed, ne se pose pas, va vite en tout ce qui lui vaut de casser bon nombre d'objets. Elle parle beaucoup également, elle commente tout ce qu'elle fait et s'assure régulièrement que son compagnon l'écoute. Ce qui a le don de l'énerver, lui qui est bien tranquille devant sa télé.

Sophie n'aime pas être seule ou se poser dans le canapé, car dans ces moments des tas de questions l'envahissent. Est-ce qu'elle a bien fait ceci ou cela ? Qu'est-ce que ses amis ont pensé de son dernier repas ? Est-ce qu'elle a bien fermé la porte du garage ? Est-ce que son copain l'aime toujours autant ? Est-ce que ses parents ont bien fait réviser leur voiture avant de partir en vacances ? Et le gaz, est-ce qu'elle l'a bien éteint ce matin en partant ? Toutes ses questions lui prennent la tête, alors pour ne pas les entendre ou pour moins les entendre, elle bouge et parle tout le temps. C'est sa façon à elle de gérer ses angoisses.

Depuis petite, elle a toujours été anxieuse. Ses parents lui rappellent souvent qu'il fallait toujours la pousser pour découvrir de nouvelles choses. Une fois maitrisées ces activités, tout allait bien, mais chaque nouveauté la pétrifiait littéralement. Ils n'en reviennent pas qu'aujourd'hui elle fasse de la boxe, elle qui se sentait incapable de quoi que ce soit. À vélo elle avait peur de chuter, à la piscine elle avait peur de se noyer. Au lycée, chaque contrôle lui déclenchait des maux de ventre et une sensation de ne pas pouvoir respirer qui lui faisaient oublier tout ce qu'elle avait appris. Pour l'apprentissage de la conduite, elle avait tellement peur de l'accident qu'elle n'avançait pas et se mettait à transpirer et suffoquer dans la voiture. L'anxiété faisait partie de sa vie et pour la gérer, l'activité, le mouvement, le sport était bien utile pour elle. Tout aurait pu continuer ainsi tout au long de sa vie.

Seulement, il y a un mois, en courant en forêt à la tombée de la nuit, elle a mis le pied dans un trou et s'est fracturé la cheville. Elle est plâtrée pour trois mois. Trois mois immobile, seule à la maison. Au début, elle était contente de pouvoir se reposer un peu, mais très rapidement elle a ressenti une gêne dans la gorge et de la difficulté à respirer. Elle s'est mise à se racler la gorge, à tousser. Elle a cru avoir contracté un virus, mais son médecin n'a rien trouvé de pathologique. Elle avait ensuite de grosses crampes dans le ventre, elle n'avait jamais eu de telles douleurs, elle se pliait en deux avec sa bouillotte, mais rien n'y faisait. Elle consulta sa gynécologue pour voir si son stérilet avait bougé, mais tout était normal. Elle ne bougeait plus, était constipée, prenait du poids, avait mal partout, s'ennuyait fortement à la maison. Elle ne parlait pas beaucoup tout son entourage étant au travail. Quand son compagnon rentrait le soir, elle l'assaillait de questions/réponses qui l'envahissaient et le faisait fuir, alors qu'elle aurait voulu qu'il la prenne dans ses bras et la cajole comme une enfant.

Plus le temps passait, plus elle se sentait mal jusqu'à être constamment oppressée, incapable de respirer correctement, elle passait la journée à pleurer dans son lit. Il n'y a que dans son lit qu'elle se sentait bien et en sécurité. Quand elle dormait, toutes les pensées dans sa tête s'arrêtaient et elle n'avait mal nulle part.

INTERPRÉTATION

Les deux cas cités ci-dessus traitent de la même chose : l'angoisse. Bien qu'étant différents, il s'agit de la même chose. Le premier cas décrit une crise d'angoisse paroxystique ou crise de panique sans cause immédiatement apparente. Le second parle d'un épisode anxieux dépressif qui survient suite à une modification majeure des défenses (ou protections) de la jeune femme. L'angoisse peut prendre différentes formes selon les individus et s'exprimer de façon aiguë ou chronique selon les moments de vie où elle se manifeste. Nous sommes tous sujets à l'angoisse et cela tout au long de notre vie, car nous avons tous ressenti un jour de l'angoisse. Cela fait partie de notre condition d'être humain. Dès la naissance, à la sortie du ventre sécurisant de notre mère, nous ressentons de l'angoisse. Nous sommes les seuls mammifères à n'être pas « viables » à la naissance. Dans le sens où nous ne pouvons pas nous débrouiller seuls. Les animaux savent trouver le chemin de la tétée seuls, mais pas nous ! Il va nous falloir encore quelques mois pour gagner en autonomie. À la naissance, notre survie dépend du bon vouloir d'un adulte qui saura nous nourrir, nous réchauffer et nous protéger. Alors nous avons peur. Peur que cet adulte donneur de soin, ne nous donne pas à manger ou pas suffisamment, ne nous réchauffe pas ou le contraire, peur qu'il ne nous comprenne pas quand nous essayons de communiquer avec lui. C'était si facile et sécurisant à l'intérieur ; c'est si difficile et effrayant à l'extérieur.

L'angoisse, selon le dictionnaire, correspond à une grande inquiétude, une anxiété profonde née du sentiment d'une menace imminente, mais vague. C'est un sentiment pénible d'alerte psychique et de modification somatique devant une menace ou un danger indéterminés et se manifestant par des symptômes neurovégétatifs caractéristiques tels que des spasmes, de la transpiration, de la difficulté à respirer, l'accélération du rythme cardiaque, ou des vertiges. Au départ, en psychologie, on distinguait anxiété (état psychique caractérisé par une peur sans objet, une crainte d'un objet imprécis) et angoisse (sensations physiques de constriction et d'oppression qui accompagnent l'anxiété). Aujourd'hui, les deux termes sont employés l'un pour l'autre sans distinction. L'angoisse est considérée comme un phénomène normal, lié à la condition humaine, stimulant les activités mentales. Elle est entrevue comme pathologique lorsqu'elle est vécue par la personne comme une souffrance qui déborde ses capacités de maitrise, retentit sur sa vie psychique et son comportement et l'amène à demander de l'aide.

Nous sommes tous plus ou moins angoissés tout au long de notre vie et certains géreront mieux que d'autres leurs angoisses à certains moments de la vie. Les symptômes de l'angoisse sont effrayants en eux-mêmes et rajoutent souvent de l'angoisse à l'angoisse ! Même si la sensation de mourir, dans le cas d'une crise de panique, est bien réelle, ce n'est qu'une sensation extrêmement désagréable. La bonne nouvelle c'est que l'angoisse ne tue pas, enfin pas directement, en tous cas pas en faisant une crise cardiaque ! Si on laisse l'angoisse et ses symptômes s'installer dans le temps, notre équilibre psychosomatique va se dérégler et nous pouvons développer d'autres maladies. Ainsi, pour moi, il est important de repérer l'angoisse le plus tôt possible et de se faire aider pour apprendre à l'endiguer avant qu'elle ne prenne trop de place dans notre vie. Certaines personnes auront beaucoup plus de mal que d'autres à gérer leurs angoisses, nous ne sommes pas tous égaux face à cela, il y a des tempéraments anxieux pour lesquels c'est très difficile.

À la naissance tous les bébés ressentent de l'angoisse et ce sont les liens aux premières figures d'attachement (les parents le plus souvent et la mère en particulier) qui conditionneront leur façon de gérer leurs angoisses. Un enfant dont les parents seront présents, constants, prévisibles, cohérents dans les soins qu'ils lui donnent, se sentira en sécurité pour explorer son environnement et se développer. Les parents le soutiendront, l'aideront à reconnaitre ses émotions, le consoleront et le guideront pour trouver des solutions. Le bébé a besoin d'un adulte pour réguler ses émotions. Un enfant à l'attachement sécure comprendra qu'il peut avoir confiance en l'autre en cas de problème, aura le sentiment de valeur personnelle au regard de l'autre et une bonne estime de soi. Avec ces compétences, l'enfant à l'attachement sécure sera équipé pour affronter les angoisses qui traverseront inéluctablement sa vie. Bien évidemment, l'inverse est également possible. Un attachement insécure fragilisera l'enfant sur le long terme.

Notre environnement dès les premiers mois et premières années de la vie conditionne énormément nos comportements émotionnels. Néanmoins, cela ne veut pas dire qu'un enfant à l'attachement sécure ne fera jamais de crise d'angoisse ou qu'inversement, un enfant à l'attachement insécure ne pourra jamais s'apaiser. C'est plus complexe que cela, mais le type d'attachement renseigne sur les ressources psychiques de l'enfant et les outils dont il faudra l'équiper pour gérer ses angoisses. Car, quel que soit le conditionnement initial, le cerveau étant l'organe le plus plastique du corps, tout peut être réparé en activant des facteurs de résilience. Tout se répare, mais pas seul ! Nous avons besoin de l'aide d'un tiers objectif, car tous seuls nous tournons facilement en rond !

PROPOSITIONS

Pour faire simple, et comme je vous le répète souvent, nos pensées génèrent des émotions, qui elles-mêmes modifient notre physiologie. L'angoisse étant une émotion issue de nos pensées, et impactant notre physiologie en créant des sensations désagréables d'oppression, de gêne respiratoire, nous allons devoir travailler à la fois sur nos pensées, nos émotions et notre physiologie pour endiguer les crises d'angoisse.

La première des choses à faire lorsque vous ressentez de l'angoisse va être de respirer. Asseyez-vous et pratiquez la respiration diaphragmatique. Placez vos mains sur vos cotes, à l'inspiration gonflez la cage thoracique comme pour écarter vos mains et à l'expiration laissez vos mains se rapprocher. C'est un peu comme si vous jouiez de l'accordéon ! Le diaphragme monte et descend créant une hyperventilation qui calmera instantanément la crise d'angoisse. Au bout d'une dizaine de respirations, vous vous sentirez apaisé, peut-être un peu fatigué, mais en tous cas vous n'éprouverez plus le besoin d'aller aux urgences. D'une façon générale, que la sensation d'angoisse soit petite ou très forte, la respiration sera toujours d'une grande aide, donc même si vous ne vous souvenez pas de cet exercice, ce n'est pas grave, pensez simplement à respirer très profondément quelques minutes.

Des respirations longues et profondes activent le parasympathique au niveau de notre système nerveux autonome, ce qui apporte du calme, de l'apaisement. N'hésitez pas à demander l'aide d'un thérapeute qui vous apprendra ou réapprendra à respirer correctement et qui pourra également vous conseiller des plantes, sous forme de tisanes ou d'huiles essentielles, pour favoriser le retour au calme.

Une crise d'angoisse peut être totalement isolée au cours de la vie, dans ce cas, elle ne nécessitera pas obligatoirement de traitement. Rapidement, vous n'y penserez plus et tout ira bien, il n'y aura peut-être plus aucune occurrence et c'est très bien. Seulement, pour la plupart d'entre nous, une grosse crise d'angoisse est tellement effrayante qu'elle va laisser des traces. Une fois totalement passée, nous pouvons avoir peur d'en refaire une autre, que ça se reproduise à n'importe quel moment et que cela nous mette en grande difficulté, au travail ou en société. L'angoisse de la crise d'angoisse s'installe alors et nous entrons dans un cercle vicieux qui peut vite nous amener à ressentir de l'angoisse plusieurs fois dans une même journée. Cette angoisse qui devient chronique, en quelque sorte, sera présente jour et nuit (surtout vers dix-huit heures et quatre heures du matin) et envahira nos pensées. À ce stade, il va être important de consulter un professionnel pour comprendre comment l'angoisse s'est installée. Quelle est son origine dans l'enfance ? Comprendre nous aide à prendre du recul, à nous distancier de nos émotions pour mieux les réguler. Après avoir revisité votre passé, le thérapeute vous ramènera dans le présent pour vous aider à identifier les pensées à l'origine de vos angoisses afin de les travailler, les transformer, pour vous apaiser. Certaines angoisses resteront flottantes, c'est-à-dire qu'il ne sera pas possible de les rattacher à une pensée ou un objet. Mais la majorité d'entre elles pourront être objectivées, élaborées, affrontées et supprimées. Pour supprimer ou modifier ce qui nous pose problème, il faut au préalable l'identifier clairement pour y apporter la solution appropriée. Il n'y a pas une solution miracle universelle, mais bien de multiples solutions en fonction de chaque individu, de son histoire et de son actualité. Les solutions ne passent pas forcément par une médication lourde, elles peuvent prendre la forme de respiration, de relaxation, de méditation, d'introspection, de lecture, de création. Une multitude d'outils extrêmement simples peuvent être proposés par un thérapeute pour vous aider à venir à bout de vos angoisses en faisant un travail sur les pensées. Alors, faites-vous ce cadeau, pour vous, de demander de l'aide pour aller mieux. Seul vous risquez de tourner en rond !

LA SOMATISATION

HISTOIRE : ÇA FAIT MAL !

Ludovic s'est enfin décidé à consulter un psy. Cela fait longtemps que son médecin traitant l'enjoint à aller voir quelqu'un, sans succès. Il connait bien son médecin, il le suit depuis trente ans maintenant. Il a toujours été là pour lui quand les infections hivernales et autres soucis de santé ont traversé sa vie. Il a prescrit les traitements et examens adaptés, il l'a arrêté lorsque c'était nécessaire, il l'a envoyé vers des spécialistes. Il a essayé de comprendre et de le soulager par tous les moyens. Et il a réussi dans la plupart des cas. Sauf pour ses douleurs cervicales et lombaires. Pour cela, il n'est jamais parvenu à lui apporter une solution pérenne. Il parvenait à le soulager ponctuellement avec des traitements, mais ça ne tenait jamais dans le temps. Les multiples examens n'ont jamais rien montré de lésionnel et pourtant Ludovic se plaignait continuellement de ses douleurs. Douleurs parfois si violentes qu'elles le clouaient au lit plusieurs jours d'affilée. Son médecin lui a à plusieurs reprises conseillé de voir un psy pour creuser la piste émotionnelle, mais Ludovic s'énervait, lui rétorquant qu'il n'était pas fou, qu'il avait seulement mal à en crever. Et puis un jour, son médecin lui a dit qu'il ne pouvait plus rien pour lui à son niveau, qu'il ne savait plus quoi faire et qu'il n'avait plus envie de l'entendre se plaindre. De son côté, il avait fait tout ce qu'il pouvait, à Ludovic maintenant de se débrouiller, de se prendre en main.

Ludovic se souvient bien de ce jour où il lui a tenu ces propos. Il s'en souvient comme si c'était hier tant il s'est senti abandonné, incompris. Il n'aurait jamais imaginé que son médecin, presque un ami maintenant, pourrait un jour le laisser de la sorte avec ses douleurs. Il était en colère. Pendant six mois, il avala des antalgiques pour calmer ses douleurs. Beaucoup d'antalgiques, car les douleurs étaient de plus en plus résistantes. Un jour qu'il souffrait trop, il se décida à prendre rendez-vous.

— Je vous préviens, je ne suis pas fou ! J'ai vraiment mal au dos et je n'en peux plus, je ne sais plus quoi faire, j'augmente les doses de médicaments sans arrêt et ça ne me fait plus rien. Rien ne me soulage. Mon médecin ne veut plus rien faire, il dit que c'est dans ma tête, mais moi je sais bien que j'ai vraiment mal.

Cela avait été difficile de s'y résoudre, mais Ludovic avait enfin pris rendez-vous avec un psy pour parler de ses problèmes de dos. Il ne voyait pas bien comment parler pourrait le soulager, mais, au point où il en était, il était prêt à tout essayer. Lors du premier rendez-vous, il fut très surpris de constater que le thérapeute ne mettait absolument pas en doute ses douleurs. Au contraire, il a eu l'impression d'être parfaitement compris, entendu par cette personne qui prenait le temps de l'écouter et qui lui a proposé de revisiter sa vie, en quelque sorte, pour comprendre comment tout cela s'était mis en place. Le thérapeute lui avait dit que pour se libérer de quelque chose il fallait en comprendre la source.

Ludovic a eu un parcours plutôt classique. L'ainé de trois enfants, il était un enfant sage soumis à l'autorité d'un père dont il cherchait la reconnaissance et sans lien fort avec une mère froide et non démonstrative. Son but était de ne pas faire de vague, alors il se réfugiait dans sa chambre où il pouvait dessiner, lire ou écouter de la musique. Il ne s'ennuyait pas, il se suffisait à lui-même. Il était plutôt timide et avait du mal à entrer en contact avec les autres. Déjà petit, il avait tant besoin d'être aimé que soit il en faisait trop, semblant un peu trop sûr de lui, soit il restait dans son coin sans participer. Avec son frère et sa sœur, plus jeunes de deux et quatre ans, c'était pareil, il se sentait à part. Tous les deux arrivaient parfaitement à jouer ensemble, à faire des bêtises, à braver les interdits parentaux. Ils semblaient à ses yeux réussir tout ce qu'ils faisaient. D'ailleurs ses parents ne manquaient jamais de lui faire remarquer qu'il n'avait pas de copain, qu'il ne savait pas jouer avec les autres et qu'il ne faisait jamais de bêtises. Seulement, le jour où il est rentré en retard pour le dîner avec les genoux couronnés et le pantalon déchiré, il s'est pris une bonne baffe en guise de réconfort. Il devait respecter les règles, ne pas faire de souci à sa mère et montrer l'exemple aux petits. Petits qui avaient vite compris qu'ils jouissaient de prérogatives que n'avait pas leur grand frère.

Le collège a été compliqué, il s'ennuyait, se faisait beaucoup moqué de lui, car était plutôt bon élève. Être exclu n'était pas possible, il fallait absolument qu'on l'aime un peu. Alors, il a fait quelques bêtises, s'est mis en danger pour appartenir à la bande des caïds. Il est devenu un caïd qui ne faisait jamais de mal aux autres, seulement à lui-même en prenant de la drogue ou des risques.

Au lycée, c'était plus simple, il s'était fait rapidement une place, mais la place de celui qui est toujours super cool, car toujours super défoncé. Alors qu'à l'intérieur ce n'était que de l'angoisse. Il avait tout le temps mal au ventre, du mal à dormir la nuit, avait peur de tout, se faisait des films dans sa tête. « Et si je dis ça, ils vont penser ça et je vais faire ça... » Chaque pensée était ruminée pendant des heures, jusqu'à en vomir tant il se sentait mal. La défonce lui permettait d'appartenir à un groupe, mais aussi de soulager ses angoisses. Quand il fumait de l'herbe, ses pensées s'arrêtaient, il se sentait bien et riait comme un dingue avec ses amis. Il a passé son bac, n'a pas continué ses études, a travaillé pour pouvoir prendre un appartement et partir de la cellule familiale dans laquelle il ne se sentait pas à l'aise.

Il a rencontré Isabelle dans une soirée organisée par des copains. Ils se sont plu tout de suite, ils avaient plein de choses en commun tout en étant très différents. Il la trouvait belle, Isabelle, et il avait tellement l'impression qu'elle l'aimait plus que tout. Elle était très sociable, avait beaucoup d'amis, sortait souvent et savait être le centre de l'attention en diffusant bons mots et anecdotes avec un naturel désarmant. C'était la bonne copine que tout le monde voulait avoir. Régulièrement, Ludovic se demandait ce qu'elle avait bien pu lui trouver à lui, si souvent en retrait à rire des blagues des autres sans oser en raconter lui-même. Isabelle était aussi extravertie, que lui était timide, introverti. Isabelle savait ce qu'elle voulait dans la vie, elle décidait, avançait, ne laissait personne entraver son chemin. Après des études d'ingénieur, elle avait trouvé un poste de chef de projet dans une grande entreprise de la région parisienne. Malgré son jeune âge, elle gérait toute son équipe avec brio.

Ludovic et Isabelle ont très rapidement lâché leurs studios respectifs pour prendre ensemble un plus grand appartement. Isabelle n'aimait pas aller chez Ludovic, elle trouvait son appartement trop sombre et surtout pas suffisamment propre et bien rangé. Et puis elle n'y avait pas ses affaires personnelles. C'est elle qui a trouvé l'appartement idéal pour eux deux. Tout ce qu'elle voulait, de l'espace et de la lumière avec une pièce de vie spacieuse donnant sur une petite terrasse. Elle s'est chargée de la décoration et d'acheter de nouveaux meubles pour eux deux. Ludovic portait, montait, installait les meubles. Fabriquait des étagères et des pots en bois pour la terrasse. Il n'aimait pas les meubles du salon, ce canapé trop grand, dur et froid, ni même ce meuble moderne tout vitré. Il trouvait ces meubles trop chics et lui préférait les meubles en bois, plus rustiques et plus chaleureux à son goût. Mais il n'avait rien dit, Isabelle savait ce qu'elle voulait et il ne voulait pas lui faire de peine. Si elle aimait le chic, c'était bien pour elle, il n'aurait jamais osé lui dire quoi que ce soit. Et puis ce ne sont que des meubles et de la décoration, ils n'allaient quand même pas se disputer pour cela.

Ludovic ne supportait pas le conflit, ni même l'idée du conflit. Devoir se disputer avec quelqu'un était impossible pour lui. Que ce soit avec Isabelle, ses amis, ses collègues ou son chef au travail, il était toujours d'accord. Il ne disait jamais non et pourtant parfois il aurait voulu, car ça ne l'arrangeait pas du tout, mais il n'osait pas. Il avait peur de faire de la peine aux autres et que ça parte en dispute s'il disait son désaccord.

Ainsi, il allait avec Isabelle voir des films qu'il n'aimait pas du tout, ou passer d'interminables week-ends en Bretagne dans la maison de famille de ses beaux-parents. Il acceptait aussi les sorties en amoureux dans des relais et châteaux avec spa et champagne quand il aurait préféré randonner, pique-niquer et dormir sous la tente. Avec ses anciens copains du lycée, il continuait les soirées alcoolisées et enfumées à parler des filles, du foot et des derniers modèles de voiture à la mode. Il n'avait plus du tout envie de cela, mais il ne pouvait pas le leur dire, ils n'auraient pas compris. Et puis il ne pouvait pas les abandonner non plus, les laisser, ne plus les voir. Ils avaient été là pour lui à un moment et ils riaient encore bien ensemble. Ludovic s'était fait de nouveaux amis aussi, plus en lien avec ses besoins du moment. Des copains qu'il avait rencontré dans son club de randonnée et partageaient son amour de la nature. Il cloisonnait, il ne mélangeait pas les genres, les anciens et les nouveaux. Il se disait que les anciens et les nouveaux ne pourraient pas s'entendre et qu'il serait jugé par les uns et par les autres tant les aspirations étaient différentes. Surtout il serait obligé de faire plaisir aux deux groupes en même temps et cela lui paraissait complètement impossible. Il était préférable qu'ils ne se rencontrent pas. Au travail, il était chef d'équipe dans une usine de plasturgie. Il était entré dans cette entreprise en intérim pour piloter une presse hydraulique et avait au fil des années réussi à passer chef d'équipe. Il avait six presses et douze personnes à gérer au quotidien. Il était très apprécié par ses subordonnés qui le trouvaient très humain et proche d'eux, car venant de la base. Avec eux il y avait rarement de gros problèmes, sauf quand Ludovic devait refuser des congés ou une augmentation, c'était difficile pour lui de leur faire de la peine. Alors souvent il compensait, faisait plus d'heures, mettait lui-même la main à la pâte pour arranger ses gars. Avec son chef, c'était plus compliqué, il se faisait souvent reprendre, car il ne mettait pas assez la pression à son équipe et était toujours limite en termes de productivité. Bien sûr, il n'avait pas du tout le même salaire que les autres chefs d'équipes expérimentés venant de l'extérieur, mais même s'il trouvait cela vraiment injuste au vu de son investissement, il se contentait d'espérer chaque année que son travail soit reconnu plutôt que d'oser demander une augmentation ou changer d'entreprise. Il était très fidèle dans ses relations et préférait attendre que ça change plutôt qu'en changer.

Au fil des années, Ludovic s'est habitué à dire et faire ce qu'il pensait que les autres attendaient de lui. Il n'avait plus de grosses crises d'angoisses comme quand il était plus jeune. Quand il y avait trop de pensées dans sa tête, il allait marcher et quand il était dans la nature il se sentait bien, ne pensait plus à rien et s'enivrait des couleurs, senteurs et sons de la nature. Heureusement, il n'habitait pas loin d'une immense forêt qui lui apportait tout le bienfait dont il avait besoin. Seulement, il ne pouvait s'y rendre que le week-end quand Isabelle n'avait pas organisé quelque chose.

Il n'avait pas vu le mal de dos s'installer insidieusement. Au début, juste quelques raideurs en sortant du lit le matin puis du mal à se baisser, et une barre qui s'installe dans le bas du dos. Il a dû s'arrêter à plusieurs reprises et rester alité, complètement bloqué, incapable même de marcher, il pensait que c'était purement mécanique, qu'il avait fait un faux mouvement. Il ne comprenait pas pourquoi il avait tant mal au dos, la marche lui faisait du bien, mais pas suffisamment, il prenait beaucoup de médicaments pour se soulager et son estomac commençait à lui en montrer les limites. Il devait avoir un problème de disques, de hernie, de quelque chose. À chaque grosse crise, quand il restait bloqué, il demandait à son médecin de lui prescrire des tas d'examens, il était sûr d'avoir un problème majeur au niveau de la colonne vertébrale. Son médecin, conciliant lui prescrivait les examens qui à chaque fois s'avéraient négatifs. Il n'avait rien de lésionnel, les radios, scanners et autres IRM ne montraient rien d'anormal qui aurait pu entrainer ces douleurs. À chaque examen, il espérait qu'on lui découvre quelque chose, même si c'était grave, au moins il pourrait justifier ses douleurs. Car, il avait l'impression de ne pas être compris. Surtout par Isabelle qui lui reprochait de se plaindre et d'empêcher le couple de faire des choses, de voir du monde. Pourtant il serrait les dents, prenait sur lui, attendait que la douleur soit vraiment insupportable pour oser lui dire qu'il voulait juste s'allonger un moment. Non seulement il avait mal, mais en plus elle le rabrouait. Il tentait d'éviter les conflits en serrant encore plus les dents, en ne disant rien et les douleurs empiraient inlassablement.

Lors de la première séance avec son psy, Ludovic n'a eu le temps d'exposer que brièvement sa vie et surtout d'expliquer rapidement ce qu'il vivait en ce moment et les douleurs énormes qu'il supportait chaque jour. Il s'était néanmoins senti soulagé car enfin compris et surtout non jugé, ni de fou, ni de fainéant, de chochotte ou autre. Son mal de dos ne s'était pas envolé, mais il se sentait plus léger. Comment avait-il osé parler de lui ainsi à un inconnu ? Il avait envie de le revoir, de démarrer une thérapie avec lui. Il n'avait aucun espoir que ça lui fasse du bien au dos, mais se disait que ça lui ferait peut-être du bien de parler de lui. Au début, il racontait son histoire de façon très normée et neutre, en énumérant une succession de faits, un peu comme s'il faisait un rapport à un supérieur. Et puis au fil du temps et des questions bienveillantes, des aller et retour dans le passé, de la confiance qui s'installait, il a pu parler réellement de lui, de ses émotions, ses ressentis, de lui réellement. Et il a fait des liens, compris des choses, les douleurs dans le dos se sont transformées en tensions supportables. Il a diminué les médicaments, appris à dire non et à se faire plaisir avant de faire plaisir aux autres et les tensions ont disparues. Tout cela a pris du temps, beaucoup de temps, mais maintenant il se sent bien, il a évolué, appris, grandi, son relationnel s'est beaucoup amélioré et il se félicite chaque jour d'avoir fait cette thérapie. Il y était réfractaire, ne pensait pas que le corps et l'esprit étaient liés et que les stress et angoisses de la vie pouvaient s'exprimer ainsi. Il remercie son médecin de l'avoir poussé dans ses retranchements, à sortir de sa zone de confort en modifiant sa façon de penser. Avec Isabelle, tout se passe à merveille, il sait maintenant lui exprimer ses besoins, ses envies, ses idées et elle est contente de pouvoir échanger et d'avoir un peu de répondant. Elle commençait à se lasser de quelqu'un qui dit toujours oui à tout. Au travail, il a su dire et expliquer ce qu'il faisait depuis des années à son nouveau chef qui a immédiatement rectifié son salaire. Et quant à ses amis, il sait maintenant parfaitement leur dire : « Eh stop, les gars, moi je vais me coucher, car demain je vais randonner ! »

Illustration : le cas de Monique

Sur les conseils de son médecin, Monique se décide à essayer la sophrologie pour apaiser les poussées d'eczéma qui la font énormément souffrir. Voici, dans ses mots, des extraits des entretiens que nous avons eus ensemble.

— Pouvez-vous me dire pour quelle raison votre médecin vous adresse à moi ?

— Et bien, ça ne va pas du tout. Ça me brûle, ça me gratte c'est horrible, je ne m'en sortirai jamais. Avant ce n'était que sur les bras, mais maintenant ça vient sur tout le visage, je ne peux plus le supporter, le Docteur m'a dit qu'il fallait que je vienne vous voir pour ça, mais sinon tout va bien, je n'ai pas à me plaindre.

— Depuis quand souffrez-vous d'eczéma ?

— Je ne sais pas exactement, j'ai entendu ma mère dire que j'étais couverte d'eczéma jusqu'à l'âge de cinq ans, après c'était terminé et puis c'est revenu il y a dix ans.

— Que s'est-il passé il y dix ans ?

— Je ne sais pas, rien de spécial. J'ai eu la ménopause et des problèmes de couple, mais je ne tiens pas trop à en parler, je n'aime pas parler de moi et raconter ma vie, disons que j'ai accumulé beaucoup de choses sans jamais rien dire et je pense maintenant qu'il faut que ça sorte, mais je n'arrive pas à réagir autrement qu'en me grattant, je me mets en sang, ça fait mal, dès que je suis stressée je me gratte, ça me soulage, mais après c'est pire.

— Dès que vous êtes stressée ?

— Oui, pour la moindre petite chose, j'angoisse tout le temps, par exemple l'autre jour j'avais un rendez-vous chez la dermato, il y avait des bouchons, j'avais tellement peur d'arriver en retard, je n'aime pas arriver en retard, que dans la voiture je me suis mise à me gratter, en arrivant chez elle j'avais honte, j'avais du sang partout.

— Cela doit être vraiment douloureux, elle vous a donné quelque chose pour vous soulager ?

— Oui, de la cortisone, ça soulage, mais ça ne règle pas le problème, et puis je n'aime pas prendre des médicaments.

— Avez-vous d'autres soucis de santé ?

— Non, à part l'hypertension comme tout le monde dans la famille.

— Comment est votre sommeil ?

— Je ne dors pas très bien, je me réveille souvent la nuit, je pense à plein de choses, je n'arrive pas à me rendormir alors le matin c'est dur pour aller au travail.

— Que faites-vous comme travail ?

— Je suis secrétaire dans un laboratoire médical, j'adore mon travail, mes collègues. Mais je n'ai pas très envie de parler, ça fait mal de parler. Moi ce que je veux c'est apprendre à m'apaiser, à être moins stressée. J'ai besoin de me détendre.

— Je lui montre des techniques de respiration et lui fait expérimenter la relaxation afin d'apaiser ses démangeaisons. Monique est très réceptive, son corps se relâche complètement.

— Ça fait du bien, je n'ai plus envie de me gratter, je ne me repose jamais comme ça, je suis tout le temps en mouvement, j'ai toujours peur de ne pas y arriver, je cours tout le temps, je ne fais jamais ça moi, j'étais bien, je flottais en plus la couverture est douce.

— Monique arrive à la seconde séance le visage très rouge, le dos courbé comme si elle portait une charge énorme sur ses épaules.

— Je ne vais pas bien, ça me brûle, je suis pleine d'eczéma, je ne vais jamais m'en sortir. La semaine dernière, j'ai dû aller chez la dermato, elle m'a donné une crème super forte, mais ça brûle quand même.

— Que s'est-il passé la semaine dernière ?

— C'est suite à une discussion, on m'a dit quelque chose qui m'a fait mal et juste après j'ai eu cette énorme poussée d'eczéma. Ça m'a stressée, quand je stresse je me gratte, je sais que c'est lié. La discussion m'a fait mal, c'était horrible, j'étais anéantie, je n'ai absolument rien compris. Je ne comprends toujours pas d'ailleurs. Je ne sais pas ce qui s'est passé, mais je ne lui en veux pas.

— À qui vous n'en voulez pas ?

— À mon mari, ce n'est pas de sa faute. Il me l'a dit, on était trop heureux, c'était trop parfait, on était un couple idéal. On s'est rencontrés à dix-huit ans, nos familles habitent le même village, à vingt ans nous nous sommes mariés, nous n'avions ni l'un ni l'autre connu d'autre personne auparavant, jamais nous ne nous disputions, tout allait bien. Nous avons eu trois enfants, deux garçons et une fille, nous avons une belle maison ici et une plus petite pour les vacances dans le midi, tout était parfait et tout s'est écroulé. Ce n'est pas de sa faute, mais mon mari a eu une relation avec une collègue de travail, il en souffrait, car il ne pouvait pas faire autrement que la voir puisqu'elle travaillait au même endroit que lui, il me disait qu'il ne pouvait rien faire d'autre. Cela a duré deux ans, puis elle a changé de travail. Mais maintenant, il est avec une autre femme, car il m'a dit que sa relation avec sa collègue lui avait ouvert les yeux, qu'il se rendait compte qu'il pouvait vivre d'autres choses avec quelqu'un d'autre. Il n'a rien à me reprocher, il dit que tout allait bien, mais qu'il ne m'aime plus d'amour, juste comme une amie. J'aurais pu m'opposer un peu plus c'est ce qu'il dit, mais le pauvre, j'avais de la peine pour lui, on avait cinquante ans, il n'avait jamais eu d'autres femmes, et c'est important pour un homme d'avoir d'autres femmes. Maintenant, il vit avec l'autre, je ne la connais pas et je ne veux pas la voir.

— Cela a dû être une réelle épreuve, qu'avez-vous ressenti à ce moment-là ?

— De la peine pour lui, il n'y pouvait rien.

— Et pour vous ?

— J'ai eu l'impression que le sol s'effondrait, je ne pouvais pas y croire, mais moi ce n'est pas important, et puis personne n'a rien vu, on a rien dit. Nous avons vécu comme ça sous le même toit, sans qu'il ne se passe quoi que ce soit, vous comprenez, on a continué à faire comme si tout était parfait, pendant cinq ans. Le plus difficile a été d'annoncer aux enfants qu'il ne m'aimait plus et qu'il ne partirait plus en vacances avec nous, qu'il partirait avec l'autre. C'est de ma faute, c'est moi qui leur ai dit, c'est moi qui leur ai fait du mal et on ne fait pas de mal à ses enfants, ce n'est pas possible.

— Et aujourd'hui, comment ça se passe ?

— Nous ne sommes pas divorcés, juste séparés, j'habite dans la maison et mon mari a un appartement à côté avec l'autre. Nous nous entendons très bien, il prend soin de moi, il vient me voir au moins une fois par semaine et nous fêtons toutes les fêtes de famille ensemble avec les enfants.

— Avec sa nouvelle compagne ?

— Ça ne va pas non ! Il ne se permettrait jamais de nous l'imposer, les enfants ne veulent pas la voir, et moi non plus, je ne veux même pas en entendre parler.

— Alors vous continuez à faire semblant pour les fêtes ?

— C'est important pour les enfants de voir leurs parents ensemble, c'est bien pour eux, et puis on ne fait pas semblant maintenant ils savent bien la situation.

— Et vous, comment vous sentez-vous dans cette situation ?

— Oh, moi vous savez ça n'a pas d'importance ce que je pense, je ne suis absolument pas dépressive, tout va bien, j'essaye de ne pas y penser, de ne pas en parler, de vivre le moment présent et tout va bien.

— Qu'est-ce qui vous aide à faire face ?

— Mon travail, je suis super bien au travail, j'aime ce que je fais, je vois du monde, je peux discuter avec mes collègues, avec les clients, et personne ne voit rien, on ne me demande rien. Je fais toujours bonne figure, personne ne sait que je suis séparée de mon mari. Je n'ai rien dit, tout le monde pense que nous vivons encore ensemble. Ça ne se fait pas d'être séparée, on se marie c'est pour toujours, c'est comme ça sinon c'est honteux.

— Et comment occupez-vous vos week-ends ?

— Alors là ce n'est pas pareil, c'est l'enfer, c'est horrible d'être seule, c'est mort à la maison, je ne sors pas, je dors beaucoup ou alors je regarde la télévision. C'est dur le week-end, je me sens mal, je suis oppressée, je me trouve vieille, le samedi je suis occupée, je fais les courses et le ménage, mais le dimanche je n'ai rien à faire, alors je pense, je me gratte beaucoup, j'essaye de ne pas penser, mais je n'y arrive pas, il y a trop de différence entre ma vie d'avant et maintenant.

— Est-ce que vous voyez vos enfants, votre famille ?

— De temps en temps, mais ils ne sont pas à côté, toute ma famille est dans le Midi, je suis originaire de là-bas, ma fille est aussi dans le Midi, j'ai un fils à Toulouse et un autre à Lyon, c'est le plus proche. Mes enfants sont grands maintenant ils ont leur famille, leurs enfants, alors vous comprenez, ils font ce qu'ils peuvent, mais bon on se téléphone souvent. Avec mon mari, on a une petite maison dans le Midi qu'on a achetée pour la retraite, alors je descends quelquefois dans ma famille et là je suis bien, je respire. Là-bas je peux respirer, je me sens bien avec eux, ils sont au courant, je peux discuter, je sais qu'ils ne me jugent pas, qu'ils me soutiennent. Dès que je serai à la retraite, je vais descendre vivre dans ma maison du Midi, après tout ira bien, tout sera terminé et je pourrai enfin respirer. Si je ne vois plus mon mari, je n'aurai plus mal. Je ne veux pas le voir, je ne veux pas avoir mal.

Monique se présente toute jolie, légèrement maquillée, elle a très bonne mine pour sa troisième séance.

— Je me gratte beaucoup moins, sauf à l'approche du week-end. Je me rends compte maintenant que je me mets les bras en sang dès que je suis stressée, que je ne me sens pas bien. En fait, ça me fait du bien, ça me calme, je ne peux pas m'en empêcher, je crois qu'il y a deux personnes en moi, une qui veut aller bien et une qui veut se faire du mal.

— Se faire du mal ?

— Oui, parce que c'est de ma faute si j'en suis là. Lui ce n'est pas de sa faute, il n'a pas eu le choix, je ne peux pas lui en vouloir. C'était quand même un bon père, un bon mari, et puis si j'étais en colère contre lui peut être que je ne le verrais plus pareil et ça je ne veux pas, je ne veux pas voir le négatif, je ne veux me rappeler que les bons moments. Je m'oblige à ne voir que du positif et ça va très bien, je vais très bien.

— Sauf le week-end !

— Oui, je sais, mais je n'y peux rien. J'ai besoin de lui, j'ai besoin de le voir au moins une fois par semaine, ça fait du bien aux enfants qu'on s'entende bien, comme il est seul il prend soin de moi.

— Il est seul ?

— J'ai dit ça ? Non il n'est pas seul, je le sais, mais l'autre je ne la vois pas, je ne l'ai jamais vue, d'ailleurs je ne pourrais pas le supporter, je ne peux même pas imaginer que je puisse la voir un jour.

— Pouvez-vous envisager des occupations pour le dimanche ?

— Pas vraiment, sauf que là pour la première fois je me suis laissée convaincre par ma sœur de faire un petit voyage organisé pour mes prochaines vacances.

— C'est bien d'avoir un projet pour vous.

— Non, c'est juste pour survivre, mon vrai projet c'est d'être à nouveau avec lui, j'ai besoin de lui.

— Vous vous grattez à présent, qu'elles sont les émotions que vous ressentez ?

— Je ne me sens pas bien, c'est comme le dimanche ça m'oppresse et je me gratte. Je ne comprends pas je n'ai jamais raconté tout ça à personne, il n'y a qu'à vous que je peux le dire.

La séance se poursuit par une relaxation à la fin de laquelle, Monique ne se sent plus angoissée, n'a plus envie de se gratter, et exprime longuement tout le bien qu'elle ressent.

— Je vais vous donner un CD la prochaine fois avec plusieurs relaxations de façon à ce que vous puissiez vous apaiser chez vous de cette façon le dimanche.

— Oh oui, je pourrais faire ça, je couperais le téléphone, un moment comme ça pour moi, je n'y avais jamais pensé.

Le prochain entretien est mitigé pour Monique, à la fois elle peut dire qu'elle progresse et à la fois elle exprime ses difficultés à communiquer avec les autres.

— Il faut que je vous dise après notre dernier rendez-vous je me suis sentie très bien, très positive et je suis même allée déjeuner au restaurant toute seule un dimanche, j'étais fière de moi. Ce qui est dur en ce moment c'est que mon mari m'a annoncé qu'il veut divorcer et récupérer la maison. Moi je ne veux pas divorcer et je ne veux pas quitter ma maison. C'est tout pour moi ma maison, j'y ai élevé mes enfants, ce n'est que de bons souvenirs. Et puis si je pars de la maison, il va falloir que je prenne un appartement, car je voudrais continuer à travailler un an. Financièrement, ce n'est pas évident et je pense qu'en travaillant encore un an j'aurais une meilleure retraite. Et puis j'aime bien mon travail et mes collègues. Je veux aussi aller dans le Midi, une fois là-bas je pourrai tourner la page tout ira mieux, eux ils me comprennent, là-bas je peux respirer, personne ne me fait du mal, je me sens bien. Mais financièrement, il faut que je travaille encore un an. Je n'y arrive pas, est-ce que je vais arriver à accepter, est-ce que je vais être assez forte pour supporter tout ça ? Vous savez je vois bien tout ce qui se passe, mais je suis trop faible, je n'ai pas assez de caractère, je ne sais pas m'affirmer, d'ailleurs il me le reprochait régulièrement.

— Qu'est-ce qui vous empêche de vous affirmer un peu plus ?

— Je ne veux pas faire du mal, si l'on dit ce qu'on pense on fait du mal. J'imagine toujours si je dis ça, il va penser ça, ça va lui faire de la peine, alors je ne dis rien. Je fais toujours comme ça, j'imagine ce que les autres pensent et donc je ne dis rien.

— Et que ressentez-vous lorsque vous agissez ainsi ?

— Moi, je ne me sens pas bien, mais ce n'est pas grave, moi ce n'est pas important.

La séance se poursuit par l'apprentissage de la communication bienveillante afin que Monique puisse s'affirmer un peu plus pour le respect de ses besoins.

Lors de l'entretien suivant, Monique est rayonnante et sa posture est énergique.

— J'ai fait mon petit voyage, c'était très bien, moi qui redoutait tant le contact avec les autres cela m'a fait un bien fou, ça m'a sortie de ma routine, j'ai bien parlé avec les autres dames, je me suis bien intégrée, je ne me suis jamais sentie isolée, j'étais bien. Finalement, j'ai de la chance de ne plus être avec mon mari, car j'ai pu faire ça, lui il n'aime pas sortir. Finalement, c'est peut-être pas plus mal. Ma sœur m'a dit que j'étais forte, que je ne m'écroule jamais, que je peux tout supporter. Elle a raison, je l'avais oublié. J'ai décidé de parler à mon mari, de lui dire ce que je ressens. Je crois que ça me fera du bien, que ça me libérera sinon je vais porter ça toute ma vie et je sais que ce n'est pas bon pour ma santé.

— D'ailleurs, vous n'avez plus rien sur le visage, vous ne vous grattez plus et vous ne m'en parlez même plus.

— Oui, c'est vrai ça va beaucoup mieux depuis que je viens, je n'ai pas refait de poussée, j'en suis même étonnée, d'ailleurs à la fin de mon voyage je me suis fait la réflexion, tiens plus rien, je n'y pense même plus. Oh, mais ça va revenir si je stresse trop n'est-ce pas ?

— Je ne sais pas, mais si ça revient vous savez comment faire maintenant pour faire passer la crise.

— Oui, je fais comme vous m'avez dit, ça marche très bien quand je respire et que je me relaxe, c'est très bien.

Monique est maintenant pleine d'énergie et d'enthousiasme, plus sûre d'elle et capable de prendre soin d'elle.

INTERPRÉTATION

Dans les deux cas que nous venons de voir, les douleurs ou l'eczéma sont bien réels. Ludovic et Monique sont atteints dans leur corps. Les douleurs de Ludovic ne se « voient » pas dans le sens où il n'y a aucune lésion organique, mais son ressenti est bien réel. L'eczéma de Monique, quant à lui, est visible, mais c'est le conflit psychique qui en est à l'origine qui ne se « voit » pas. Le corps et l'esprit, intimement liés, expriment des ressentis, des émotions qui ne peuvent être dits. La maladie psychosomatique est l'expression de ressentis qui passent par et à travers le corps. Elle est toujours liée à une répression, plus ou moins consciente, des affects. Associée à des vécus d'évènements traumatiques engendrant du stress, principal facteur aggravant de toute maladie.

Parler de maladie psychosomatique est encore aujourd'hui effrayant pour la plupart d'entre nous, car ce terme « psychosomatique » a une connotation négative. L'inconscient collectif, véhicule la croyance que ce qui ne se « voit » pas, que s'il n'y a aucune lésion organique, alors il ne peut y avoir de réelle souffrance. La personne qui se plaint de douleurs dorsales sans hernie discale identifiée à la radio, se verra étiquetée de dépressive ou au mieux, de plaintive : c'est dans la tête ! Alors oui, il y a un lien avec la tête, puisque le corps et l'esprit sont liés, mais ce n'est pas pour autant que la douleur n'est pas réelle ainsi que la souffrance psychique qu'elle peut engendrer. Ainsi, il serait plus juste de dire qu'il n'y a pas de maladie psychosomatique, pas plus que de malade psychosomatique, mais plutôt une approche psychosomatique de la maladie s'intéressant à la globalité du patient, en prenant en compte son économie psychique, anatomo-physiologique et génétique. Nous sommes un tout, corps et esprit, et il est temps de réunifier les êtres dans une approche thérapeutique globale pour déculpabiliser les patients et favoriser leur guérison et leur bien-être.

Prendre soin de son corps est essentiel, car il nous permet l'expérience de la matière et de la vie sur terre ; prendre soin de son esprit est tout aussi essentiel, car il nous permet de préserver notre corps. Corps et esprit sont intimement liés et ne devraient pas être envisagés séparément. Le terme psychosomatique, de psyché (esprit) et soma (corps), définit l'interaction entre les deux et possède différentes acceptions selon les cultures et les approches.

En occident, le mot « psychosomatique » a été utilisé pour la première fois au 19e siècle par un médecin allemand du nom de Johann Christian Heinroth (1773-1843). En fait, l'influence du mental sur le corps a toujours été connue, il y a plus de 2000 ans, le grand philosophe Platon (427-347 av JC) en parlait déjà et le père de la médecine Hippocrate (460-370 av JC) exhortait ses élèves à soigner d'abord la cause première de la maladie puis la cause de la cause et enfin si possible la cause de la cause de la cause. Au 16ᵉ siècle, le médecin de génie Paracelce (1493-1541) constata à son tour les liens entre l'esprit, le corps et la maladie. Wilhelm Reich (1897-1957), assistant de Sigmund Freud (1856-1939) à la polyclinique de Vienne, a mis en évidence le fonctionnement unitaire de l'organisme depuis les plus hauts sentiments jusqu'aux plus profondes réactions biologiques. Une autre découverte de Wilhelm Reich sur l'unité et l'interaction psychosomatique est le fait que non seulement les émotions refoulées s'inscrivent dans le psychisme, mais également dans le corps.

Malgré cette connaissance, la médecine occidentale classifia les maladies sur le modèle dualiste aristotélicien, en considérant la maladie, soit comme un trouble physique soit comme un désordre mental. Actuellement, cette vision évolue et de plus en plus de chercheurs considèrent qu'une grande partie des maladies sont psychosomatiques et résultent d'une multiplicité de facteurs étiologiques.

La psychosomatique part de l'homme malade et de son fonctionnement psychique pour comprendre les conditions dans lesquelles a pu se développer un symptôme somatique. Le terme de symptôme psychosomatique désigne un trouble ou une maladie dont l'origine est liée à un conflit psychique, une programmation négative ou un stress émotionnel intense qui se répercute, s'inscrit ou s'exprime dans, ou à travers le corps. On regroupe sous le terme psychosomatique tous les troubles somatiques qui comportent dans leur déterminisme un facteur psychologique intervenant de façon essentielle dans la genèse de la maladie.

La thérapie psychosomatique est conçue comme complémentaire des thérapeutiques médicales et chirurgicales classiques et vise à permettre au patient malade de retrouver ou de trouver son meilleur niveau de fonctionnement psychique possible. L'esprit, comme le corps, a besoin d'être équilibré pour bien fonctionner et l'on peut élargir notre approche en envisageant que toutes les maladies sont psychosomatiques, ou du moins peuvent être abordées sous cet angle. Le corps et l'esprit, sont tous les deux, impliqués et doivent être pris en compte dans le rétablissement de la santé et le maintien du bien-être. Comprendre les émotions, les discriminer et les exprimer plutôt que les réprimer, les transforme et les libère. Une émotion libérée ne s'inscrira ni dans le corps, ni dans l'esprit.

PROPOSITIONS

Quelles que soient les cultures et les civilisations, le paradigme princeps de la médecine est la relation corps / esprit. Et même si notre médecine occidentale allopathique s'en est éloignée quelque temps, le développement des médecines alternatives (ou plutôt complémentaires) et l'avancée des neurosciences tendent aujourd'hui à lui redonner la première place. Nous ne sommes pas une tête ou un esprit d'un côté et un corps de l'autre ! Nous sommes un tout composé de multiples et permanentes interactions. Et c'est ce Tout qu'il faut prendre en compte, percevoir, comprendre, équilibrer ou soigner dans une approche globale, holistique et respectueuse de l'individu et de l'environnement.

Ainsi, dans votre démarche de soin, dans votre recherche d'équilibre et de guérison, n'oubliez pas de vous intéresser autant à votre esprit qu'à votre corps. Vous vous laissez facilement et naturellement guider par un médecin ou un kiné pour soulager les dysfonctionnements somatiques et omettez souvent de vous offrir un accompagnement thérapeutique pour soulager les souffrances psychiques. Pour votre bien-être, votre santé globale, laissez tomber vos croyances et faites-vous accompagner sur tous les pans de votre être. Le cabinet du psy n'est pas réservé aux fous (non-sens en psychologie), mais ouvert aux personnes désireuses de trouver leur équilibre.

Pour prévenir ou guérir les pathologies d'ordre psychosomatiques, une psychothérapie intégrative sera la plus appropriée. Il sera nécessaire de travailler à la fois sur les pensées par la verbalisation de votre histoire de vie qui mettra en évidence les croyances limitantes acquises dans l'enfance. Une fois reconnues, élaborées, ses pensées limitantes pourront être transformées en pensées bénéfiques à la santé. Un travail approfondi sur les émotions sera également intéressant. Apprendre à les reconnaitre, les discriminer, les apprivoiser et les libérer en passant par la parole, mais aussi par le corps dans lequel elles sont engrammées. La sophrologie et ses outils de relaxation et de visualisation seront très utiles pour cela. De plus, ces outils auront une incidence directe sur votre physiologie en régulant le système nerveux autonome. Ces outils, qui prennent la forme d'exercices psychocorporels associés à l'apprentissage de la détente profonde, sont accessibles à presque tous en peu de temps. La sophrologie vous permettra de modifier en douceur votre hygiène de vie globale et d'apprendre à retrouver ou conserver un équilibre psychosomatique optimal. Notre équilibre santé passe également par la mise en place de moments de calme, de méditation, de retour à soi et de choix conscients pour notre alimentation et notre activité physique. Les médecines ancestrales telles que la médecine chinoise, la médecine ayurvédique ou la naturopathie en occident mettent toutes l'accent sur la nécessité d'équilibrer toutes les sphères de notre être : le corps, l'âme et l'esprit. À chacun de trouver dans la psychologie, l'alimentation, les massages, l'acupuncture, la phytothérapie, le yoga, la méditation, l'énergétique ou la spiritualité, ce qui lui convient le mieux. Chaque corps et chaque esprit étant différent, chacun expérimentera ce qui sera le mieux pour lui à ce moment précis de son évolution. Chaque chemin de vie est différent et à chaque étape, des nouveautés peuvent être expérimentées. L'essentiel étant de faire ces expériences, accompagné par un professionnel, car seul, nous n'avons pas le recul suffisant pour nous aider pleinement.

La relation d'emprise

Histoire : Sur le qui-vive

— Qu'est-ce que tu es belle ma chérie, tu vois, je te l'avais dit, c'est bien cette robe qu'il fallait mettre. Je suis tellement heureux de t'avoir auprès de moi. Les copains ne vont pas en revenir ce soir. Je suis sûr que tu seras la plus belle de la soirée.

— Merci, Julien, c'est gentil. Tu t'es mis sur ton trente et un toi aussi.

— Oui, tu sais cette soirée est importante pour moi. C'est la première fois, qu'ils viennent à la maison et je veux que tout soit parfait. Tu as bien arrêté le four, il ne faudrait pas que ce soit trop cuit ! Tu le remettras au dernier moment.

— Oui, tout est OK, nous allons nous régaler ! Cela fait longtemps que nous n'avons eu personne à dîner, moi aussi j'ai envie que ce soit réussi.

Marine et Julien ne recevaient pas beaucoup de monde ces derniers temps. Julien s'était fâché avec ses anciens copains quand ils n'avaient pas voulu l'aider pour des travaux dans la maison. Marine n'invitait plus ses copines et les avait perdues de vue, car Julien ne les aimait pas beaucoup. Il lui avait demandé d'arrêter de les voir. Il trouvait qu'elles avaient une mauvaise influence sur elle. Elle voyait encore Chloé de temps en temps à l'extérieur. Ce soir, elle était contente de faire la connaissance des nouveaux amis de Julien. Leurs femmes sont parait-il, très bien.

Marine et Julien habitaient une jolie maison dans un lotissement d'une petite ville de la banlieue lyonnaise. Cela faisait déjà trois ans qu'ils avaient emménagé.

Marine était fière de sa maison, ce n'était pas un palace, mais elle s'y sentait à l'aise et puis c'était dans son budget. Marine était responsable logistique dans une entreprise du secteur agroalimentaire, elle gagnait bien sa vie et avait pu s'offrir sa propre maison, elle l'avait achetée à crédit sur vingt ans. La maison était à leurs deux noms, car ils étaient mariés, mais elle en assumait seule la charge pour l'instant, Julien n'ayant pas suffisamment d'argent. Il lui avait assuré qu'il rembourserait sa part dès qu'il le pourrait, dès qu'il aurait une situation plus stable. Elle avait entièrement confiance en lui et était convaincue qu'il le ferait.

Julien galérait un peu sur le plan professionnel. Il était cariste pour une grosse plateforme logistique. Il était intérimaire et changeait souvent d'entreprise. Il avait un peu de mal à supporter les contraintes et l'autorité imposées par ses chefs. À chaque début de mission, tout allait bien, il trouvait ses collègues sympas et ses chefs plutôt cool. Il n'avait pas l'intention de s'épuiser au travail. Il disait que ce n'était pas la peine de se rendre malade pour dixit, « ces cons de patrons ». Il rallongeait ses pauses, arrivait souvent en retard le lundi matin après un week-end un peu chargé. Il piquait toujours deux, trois produits qui « trainaient ». « De toute façon, qu'est-ce que ça peut leur faire, il y en a tellement, ils n'y verront que du feu. » Quand ses chefs commençaient à lui rappeler le règlement, il se braquait : « Pour qui ils se prennent ceux-là ! » Il ne retournait pas au travail, arrêtait sa mission, prenait un mois à ne rien faire, et recommençait. Il ne voulait pas disait-il rentrer dans le système, être un mouton comme tout le monde. Il voulait faire comme bon lui semblait. Il ne pouvait pas rembourser le crédit de la maison pour l'instant, mais ça viendrait. Et Marine assurait de ce côté-là, elle avait un bon job, elle pouvait payer pour lui. Il n'aimait pas qu'elle finisse tard le soir, ou qu'elle déjeune avec ses collègues de bureau, mais en contrepartie, elle gagnait suffisamment d'argent pour deux. Ainsi, ce qu'il gagnait était son argent de poche pour aller boire un coup avec les collègues après le travail. Il fallait bien qu'il s'amuse, qu'il décompresse un peu, tout de même ! Il était élégant et appréciait les vêtements griffés, certes chers, mais qui le mettait tant à son avantage. Il aimait bien présenter, avoir « la classe » comme il disait. Il possédait également une belle et grosse voiture, un SUV de marque allemande, offerte par sa mère, dont l'entretien était très onéreux, mais qui était indispensable pour lui. « Tu ne crois pas que je vais rouler en 2CV quand même, non, ça ne le fait pas ! Et puis, c'est bien pratique une grosse voiture pour partir en vacances, n'est-ce pas ? » Julien vivait au-dessus de ses moyens, mais il donnait le change. C'était un séducteur né. Bel homme, il aimait sentir sur lui le regard des femmes qu'il croisait au bar. Il aimait charmer son public et n'hésitait pas à enjoliver la vérité pour mieux plaire encore. Il avait choisi Marine pour sa beauté, car à son bras, il se sentait fier et encore plus séduisant. Il se sentait le roi du monde.

La soirée se passa merveilleusement bien, Julien fit faire le tour du propriétaire à ses amis. Il présenta sa femme en la faisant tourner autour de son bras pour que tous admirent sa jolie silhouette dans cette si jolie robe. Il fit visiter la maison en insistant sur le home cinéma dans le salon et le jacuzzi sur la terrasse, et il vanta les avantages de sa voiture. Il allait chercher les plats en cuisine en caressant au passage les cheveux de sa chère et tendre. « Reste assise ma chérie, je m'en occupe. » Il fit le show toute la soirée en débouchant des bouteilles millésimées. Marine tentât timidement de faire connaissance avec les épouses de ses amis qui lui disaient toute la chance qu'elle avait d'avoir un mari si attentionné et élégant. Tout le monde se quitta tard dans la nuit, programmant déjà le prochain dîner. En un soir, ils avaient accédé au titre de meilleurs amis du monde.

— Quelle bonne soirée ! Je suis content, je pense qu'ils en ont pris plein la vue. Je suis curieux de voir comment c'est chez eux. Tu as vu, je te l'avais bien dit que tu serais la plus belle, elles sont banales leurs femmes ! Bon aller, moi je vais me coucher, j'ai trop bu, je prends un peu d'avance et quand tu me rejoindras, on fera un câlin.

— OK je me dépêche et je ne fais pas trop de bruit pour ranger la cuisine.

Julien n'aimait pas que la maison soit sale quand il se levait le matin. Il voulait pouvoir prendre son café « dans le propre ». Il n'aimait pas non plus ranger ou faire le ménage. Il n'allait quand même pas s'abaisser à faire « un boulot de gonzesse », elle était là pour ça.

— Eh, viens là que je t'attrape petite vilaine ! Dis donc, tu ne m'as pas réveillé hier soir, tu t'es faufilée dans le lit sans rien dire.

— Non, Julien, laisse-moi, j'ai encore envie de dormir, je suis fatiguée, je n'ai pas envie.

— Tu ne veux pas faire plaisir à ton mari qui t'aime et qui te trouve la plus jolie ?

— Non, ce n'est pas ça, j'ai juste envie de dormir.

— Écoute, moi j'ai envie de ma femme maintenant, alors ne chipote pas, tu redormiras après quand j'irai faire mon footing.

À contrecœur, Marine s'exécutât, sans plaisir, et ne réussit pas à se rendormir. C'était pénible avec Julien, il avait tout le temps envie de faire l'amour et il fallait que ce soit tout de suite, quand il décidait. Au début de leur relation, elle trouvait ça bien aussi, elle avait beaucoup de désir pour lui et se sentait valorisée qu'il lui montre autant d'empressement. Seulement, parfois en rentrant du travail elle se sentait fatiguée, n'avait pas la tête à cela, mais il insistait tant qu'elle devait se résoudre à faire l'amour. Enfin, dans ce cas, ce n'était pas de l'amour. Il ne s'occupait que de son plaisir à lui et elle se résignait, passive, à faire son devoir conjugal comme il aimait à lui rappeler lorsqu'elle résistait trop à son goût.

Marine et Julien s'étaient mariés rapidement après leur rencontre. Ils avaient fait connaissance à la salle de sport. Ils s'étaient tout de suite plu, attirés par leurs physiques respectifs. Julien avait pris le temps de la séduire, de la charmer, de lui dire ce qu'elle avait envie d'entendre. Elle avait besoin d'être valorisée, d'être aimée. Elle sortait d'une première relation très difficile avec un homme qui la malmenait psychologiquement. Elle s'était mise en ménage très jeune avec lui, non par amour, mais pour fuir une ambiance familiale trop lourde ou elle n'avait pas sa place. Elle l'avait quitté après un an d'humiliations lorsqu'un jour il tua le chien d'un coup de fusil, dont elle ignorait l'existence, sans aucun état d'âme, car il avait mangé un lapin échappé du clapier. Elle avait eu peur et était partie sans rien dire avec ses quelques affaires. Elle n'a jamais eu de nouvelles. Il n'a jamais cherché à la joindre. Elle était retournée chez ses parents, seul refuge possible même si elle n'y était pas la bienvenue. Elle reprenait sa vie en main, retrouvait confiance en elle et savourait sa vie de célibataire quand Julien lui a dit combien elle était belle, intelligente, forte. Combien elle était exceptionnelle et qu'il ne lui arrivait pas à la hauteur. Il l'a hissée sur un piédestal pour qu'elle tombe dans ses bras. Et cela a parfaitement marché ! Elle ne s'était jamais sentie aussi vivante, aussi libre, aussi confiante qu'à ce moment-là. Il la faisait se sentir bien, elle pouvait tout lui donner. Ils emménagèrent ensemble. Plus il la valorisait, plus elle lui cuisinait de bons petits plats, le déchargeait des tâches ingrates, répondait à toutes ses attentes et bien au-delà pour qu'il continue à être fier d'elle, à la valoriser, à l'aimer.

— J'aimerais bien que l'on se marie, Marine. Ce serait plus simple si l'on veut une maison à nous et ensuite des enfants. Qu'en penses-tu ?

— Oui, si tu veux, peut être que ce serait mieux et si c'est ce que tu veux mon chéri, on se marie.

— Ah super, bon et bien organise cela le plus vite possible, je veux que tu sois ma femme, que tu m'appartiennes pour la vie.

Comme beaucoup de filles, elle aurait préféré une autre demande en mariage, quelque chose de plus romantique, comme dans les contes de fées. Aller c'était déjà bien qu'il veuille l'épouser ! Un mois après, il s'étaient mariés en petit comité, elle lui appartenait, le piège s'était doucement refermé sur elle.

— Mais tu es complètement nulle ou quoi ! Tu as vu ce que tu as fait à ma chemise, il y a une trace de fer dessus, tu n'es même pas capable de repasser correctement !

— Je suis désolée Julien, je ne l'ai pas fait exprès, j'ai dû aller trop vite, il y a tant à faire à la maison.

— C'est ta faute, ne te cherche pas d'excuses, tu ne tiens pas la cadence c'est tout, tu fais toujours n'importe quoi, même ta bouffe est dégueulasse, j'en ai marre de manger des légumes.

Elle devait se reprendre, être plus vigilante, faire attention à moins le contrarier. Contrarié il lui faisait peur. Il n'était pas violent physiquement, mais il lui disait des choses méchantes, la blessait, l'humiliait, elle perdait confiance en elle, elle avait peur. Elle se mit à surveiller ses besoins, anticiper ses attentes, contrôler ses faits et gestes pour qu'il ne soit pas contrarié. Elle devait être parfaite pour qu'il l'aime, pour qu'il la garde à ses côtés. Elle était constamment sur le qui-vive à guetter ses réactions. Sa vie ne tournait qu'autour de ça : guetter ses réactions et tout faire pour ne pas le contrarier.

Marine se sentait de plus en plus triste, de plus en plus seule. Elle avait de moins en moins d'envie pour elle. Au fil du temps, elle avait renoncé à tant de choses, elle s'était éteinte. Elle ne voyait plus les rares copines qui lui restaient, elle n'allait plus à la salle de sport pour éviter les crises de jalousie de son mari, elle ne participait plus aux soirées de travail avec ses collègues que Julien n'appréciait pas. Elle qui était plutôt coquette, ne s'habillaient pas très bien la semaine, elle réservait ses belles tenues offertes par Julien aux week-ends avec lui.

— Tu n'as pas besoin de te faire belle pour des conards en costards cravates, c'est pour moi que tu dois être belle uniquement. C'est à moi que tu veux plaire, n'est-ce pas ? D'ailleurs, tu devrais faire des efforts, tu te laisses aller en ce moment, tu as pris du cul. Il ne faudra pas venir pleurer si je vais voir ailleurs.

Marine se sentait de plus en plus prise au piège. Enfermée dans une vie qui ne lui convenait plus. Mais comment en sortir ? Si elle lui en parlait, il allait se mettre encore à crier. Qu'allait-il lui faire ? Que pouvait-il lui faire ? Elle avait déjà essayé de lui dire qu'elle ne se sentait pas bien, il s'était mis dans une colère noire.

— Comment ça tu n'es pas bien ? Je ne t'aime pas assez ? Je fais tout pour être un bon mari, je te dis tout le temps que tu es belle et j'ai toujours envie de te faire l'amour. Ça ne te suffit pas ? Qu'est-ce que tu veux de plus ? Je te préviens, ne t'avise même pas à essayer de me quitter, sinon tu vas le payer vraiment très cher. N'oublie pas que nous sommes mariés, tu es ma femme et c'est moi qui décide.

Elle ne pouvait en parler à personne, personne ne pouvait l'aider, tout le monde adorait Julien. Et puis comment faire pour partir, divorcer, prendre un appartement ? Elle était fatiguée, usée, ne se sentait plus capable de ne rien faire. Julien avait raison, elle n'était bonne à rien !

Les jours, les semaines, les mois et les années passaient. Marine se sentait de plus en plus mal et Julien ne manquait pas une occasion de lui rappeler qu'elle était nulle, triste et qu'elle l'ennuyait à mourir. Elle n'avait plus du tout d'amour pour lui, aucun désir non plus. Ces sentiments avaient disparu avec le temps, quand elle avait compris que tout était à sens unique. Quand ils faisaient l'amour, elle devait le satisfaire, faire son devoir conjugal et se plier à ses demandes. Elle lui avait dit plusieurs fois qu'elle avait mal, elle pleurait souvent lorsqu'il s'activait sur elle. Elle aurait tant voulu qu'il la comprenne, mais la seule chose qu'il pouvait lui dire c'est qu'il en avait marre de se « taper une planche » et qu'elle ferait bien d'y mettre du sien. Marine savait pertinemment que Julien allait voir d'autres femmes, cela ne la dérangeait pas, espérant qu'il ne s'intéresse plus à elle et la laisse tranquille. Malheureusement, ce n'était pas le cas.

Marine était au fond du gouffre, blessée dans son âme et ses entrailles, incapable de modifier cette situation. Un soir en rentrant du travail, arrêtée au feu dans sa voiture, Marine fixait le mur au loin et une pensée l'envahit : « J'accélère, je fonce dans le mur et c'est fini. » Le klaxon de la voiture derrière elle la fit revenir rapidement à la réalité et elle oublia cette pensée furtive. Le lendemain elle eut, à nouveau cette même pensée qu'elle commença à élaborer. Elle ne voulait pas se louper, pas rester handicapée, elle voulait être sûre de mourir sur le coup. À quelle vitesse devrait-elle rouler, quelle distance fallait-il entre la voiture et le mur ? Elle calculait tout, elle ne pensait maintenant plus qu'à ça : mourir. C'était pour elle la seule solution à sa souffrance.

Un lundi matin au travail, après un week-end particulièrement difficile ou Julien l'avait humiliée à maintes reprises, Marine fit un malaise. Elle s'écroula à terre sur le trajet de son bureau à la photocopieuse. Ses collègues réagirent très vite et bien qu'elle ne restât pas inconsciente longtemps, ils appelèrent les secours. Elle fut emmenée aux urgences pour un bilan général puis réorientée vers son médecin traitant. Son médecin est une femme qu'elle connait depuis de nombreuses années même si elle ne consulte que très rarement. C'est une personne qui prend le temps d'écouter ses patients s'ils le souhaitent. Et là, cette fois-ci, sans savoir pourquoi, Marine s'effondre en pleurs dans son bureau et lui dit tout ce qu'elle vit à la maison depuis des années et qu'elle veut mettre fin à ses jours pour mettre fin à cette torture. Le plus dur était fait ! Son médecin lui prescrivit un traitement et l'adressa à une psychothérapeute pour l'accompagner. Elle ne la laisserait pas tomber, elle devait se battre, sa vie en dépendait et elle ne la laisserait pas y mettre fin. Cela allait prendre un peu de temps, mais elle s'en sortirait.

En sortant du cabinet, une lueur d'espoir brillait à nouveau dans les yeux de Marine.

ILLUSTRATION : LE CAS DE PAUL

Paul n'a pas eu une enfance très facile. Dernier d'une fratrie de trois, il n'était pas désiré par sa mère. Elle lui répétait sans cesse qu'il était un accident, qu'il n'aurait pas dû naitre, elle avait essayé d'avorter avec une faiseuse d'ange qui magnait l'aiguille à tricoter. À cette époque, c'était le seul moyen de faire passer un enfant non désiré. Mais Paul s'est accroché et a vu le jour au grand damne de sa mère qui n'aura de cesse de le frapper, l'humilier, l'enfermer, lui reprochant simplement d'exister. Paul sera un enfant chétif, maladif, replié sur lui, sans confiance en lui et ayant peur de tout le monde. Son père soumis à sa femme, bien que l'aimant, n'arrivera pas à compenser la maltraitance maternelle. Paul quittera le foyer familial à dix-huit ans pour exercer son métier de menuisier. Il parviendra à trouver un travail, prendre un appartement et avoir une vie sociale équilibrée par le biais du sport dont il remplit tout son temps libre. Il pratique l'alpinisme et quand il se trouve en montagne, il respire, se sent vivant. Ses prouesses sportives lui font oublier l'enfant malingre qu'il fut et sa corpulence chétive. Paul ne s'aime pas beaucoup physiquement, mais se dépasse, performe dans le sport pour se sentir exister et recevoir l'admiration de ses connaissances. Avec les filles, c'est plus compliqué, il est toujours le bon copain que l'on appelle quand ça ne va pas, mais jamais l'amant qu'il rêve d'être. Il s'en accommode, sa passion le nourrissant suffisamment.

À l'âge de trente ans, il rencontre Sylvie lors d'une soirée organisée par le club d'alpinisme. C'est elle qui viendra vers lui et entamera la discussion en lui disant toute l'admiration qu'elle a pour son talent. Elle boit ses paroles, est attentive à lui, le valorise, c'est la première fois qu'une fille s'intéresse à lui de la sorte. Ils se revoient à plusieurs reprises, il se sent bien avec elle, en sécurité, elle lui semble si douce et attentionnée. Il s'imagine déjà se marier et avoir des enfants avec elle, enfin il a trouvé la bonne, celle qui veut bien de lui. Physiquement, elle est petite et menue, jolie sans plus, parfaite pour lui, ils vont bien ensemble. Les mois passent, ils se voient régulièrement, ils n'ont pas de relations sexuelles, ayant reçu une éducation catholique, Sylvie préfère attendre le mariage. Paul est sur un petit nuage, elle pense déjà au mariage ! Au bout de six mois, elle vient habiter chez Paul, car c'est plus pratique pour se voir, et elle en a marre d'être encore chez ses parents à vingt-cinq ans. Il réorganise son appartement pour l'accueillir, rentre plus tôt le soir pour la voir et lui cuisiner de bons petits plats. Sylvie n'aime pas cuisiner. Elle est secrétaire à mi-temps chez un dentiste et passe son temps libre devant la télévision ou à faire du shoping. C'est une fan de mode et elle adore ce qui est luxueux. Le week-end, Paul renonce à la montagne pour rester avec elle. Ils se promènent tous les deux en forêt. Ce n'est pas aussi exaltant que les hauts sommets pour Paul, mais il faut bien faire des concessions dans une relation.

Les mois passent, la relation s'installe, Sylvie a besoin de Paul auprès d'elle, elle dit qu'il l'a rassure, qu'il lui fait du bien, ils s'enlacent, s'embrassent, mais ne font pas l'amour. Sylvie dit qu'il faut attendre et qu'avant de se marier de toute façon, il faudra déménager, prendre une maison plus grande, elle en a marre de cet appartement. Paul fait des heures supplémentaires en prévision de l'achat de la maison et pour, malgré ses horaires, être le plus souvent possible avec Sylvie, il arrête la montagne. Il en a bien profité et puis il est trop vieux maintenant, elle a raison, il est temps de construire une famille et de faire des choix. Dans le même temps, il voit moins ses amis, de toute façon Sylvie ne les aime pas et ne tient pas à les recevoir. Elle préfère inviter ses amis à elle. Paul les trouve agréables, mais est toujours très gêné et en retrait lorsqu'il est avec eux, car Sylvie parle beaucoup, est très tactile et séductrice avec les amis masculins. Devant eux, elle ne tarit pas d'éloges à l'égard de Paul, le présentant comme travailleur et attentionné. Elle parle de leurs projets de maison, de mariage, d'enfant. Paul trouve cela valorisant, bien qu'il ne puisse s'exprimer réellement et étrange, car systématiquement, après que leurs amis soient partis, Sylvie lui reproche de ne pas parler, ne pas être suffisamment intelligent et spirituel.

Paul et Sylvie achèteront une jolie maison pas trop éloignée de leurs travaux respectifs, ils se marieront, avec seulement leurs témoins, Sylvie ne s'entend pas spécialement bien avec sa famille et n'avait pas envie que la mère de Paul, ainsi que son frère soient présents. Elle voulait quelque chose d'intime. Paul était d'accord, il ne voulait que son bonheur, mais il était aussi triste de n'avoir partagé ce moment tant attendu avec aucun membre de sa famille. Sa mère, qu'il visitait souvent seul, ne l'accabla pas pour cette décision, elle tenta de le mettre en garde, mais il n'entendit rien. Les noces ne furent pas consommées, Sylvie était trop saoule, il fallut la coucher !

Les mois passèrent, Sylvie achetait des tas de choses pour la décoration de la maison, Paul continuait les heures supplémentaires, cuisinait, faisait le ménage, s'occupait de l'extérieur en plus maintenant. Il n'avait pas une minute à lui, le dimanche fatigué, il n'avait plus la force de faire ne serait-ce qu'un peu de randonnée, il s'écroulait le plus souvent devant la télé. Sylvie lui criait beaucoup dessus, le traitant de fainéant, bon à rien, casanier. Elle trouvait son métier dégradant et disait qu'il ne gagnait pas suffisamment sa vie, qu'elle aimerait avoir de nouveaux meubles, des choses plus chics. Ses copines avaient épousé des ingénieurs beaux, intelligents et riches. Elle le rabaissait sans arrêt. Bien sûr, ils ne faisaient toujours pas l'amour puisqu'il y avait tromperie sur la marchandise et qu'il n'était pas à la hauteur de ses attentes. Paul était complètement résigné et ne réagissait à plus rien du tout, il avait oublié tous ses rêves de bonheur, et il fallait déjà qu'il s'estime heureux d'avoir une femme qui l'aime.

Un soir, entre la poire et le fromage, Sylvie lui annonça qu'elle voulait un enfant et qu'il devait lui en faire un sur le champ. Paul était surpris car cela supposait d'avoir des relations sexuelles, dont il n'était plus certain d'avoir envie, il n'eut pas le temps de se poser trop de questions. Sylvie le tira dans la chambre, le jeta sur le lit, le déshabilla et se jeta littéralement sur lui. Ça ne marchait pas, elle s'acharnait, il avait mal, elle était en furie, il avait peur, il finit par éjaculer. Elle tomba enceinte, ce serait l'unique fois où ils auraient des relations sexuelles. Paul était anéanti, il avait honte de lui-même, de sa faiblesse. Il s'était laissé malmener, il n'avait rien dit, il commençait à avoir peur de cette femme qui ne le rendait pas heureux ; mais elle portait un enfant, son enfant et aucune autre femme ne voudrait de lui de toute façon.

Pour Paul, son fils fut un immense bonheur, il a adoré s'occuper de lui, lui apprendre à marcher, faire du vélo, lui transmettre sa passion du sport, de la montagne. Ils ont toujours été très proches et leur complicité faisait rempart aux reproches incessants de Sylvie. Les années ont passé, et ce fils tant aimé a pris son envol, quitté le nid pour construire le sien. Paul et son fils se voient régulièrement et entretiennent leur relation complice et aimante.

Paul est à nouveau aux prises directes des foudres de Sylvie qui maintenant l'humilie en amenant ses amants à la maison. Elle ne se cache pas de ses frasques sexuelles avec d'autres hommes qu'elle embrasse même devant Paul lorsqu'elle les invite chez eux. Sa cruauté est même allée jusqu'à obliger Paul à assister à ses ébats puisqu'il ne voulait pas y participer. Paul ne va pas bien, il est de plus en plus déprimé, il n'a envie de rien, ne voit plus personne, son travail lui pèse, il fatigue. La montagne n'est plus qu'un vieux souvenir. Son corps le fait souffrir un peu plus chaque matin. Il résiste, pour son fils, par loyauté, par culpabilité aussi, c'est forcément de sa faute s'ils en sont arrivés là. Il n'était pas à la hauteur des attentes de Sylvie, pas assez extraverti, ou pas assez beau, ou pas assez riche. Il ne sait plus ce qu'il n'est pas assez. Il n'a plus aucune confiance en lui, ni estime de lui.

Et puis un beau matin, Sylvie tout enjouée lui annonce qu'elle a pris un avocat et qu'elle demande le divorce. Elle veut la moitié de la maison, même si c'est lui qui l'a financée et aménagée, ainsi qu'une prestation compensatoire, puisqu'elle n'a pas « pu » travailler à temps plein. Elle veut que tout se fasse vite et qu'il quitte la maison dans un mois maximum. En attendant, il ira dormir dans la chambre de leur fils, car son amant emménage dès la semaine prochaine. Paul est sidéré, il écoute, ne dit rien, acquiesce mollement et sort de la maison pour se rendre au travail. Sur le trajet du parking à l'atelier, Paul tombe à terre et se rompt le tendon d'Achille.

Il ne peut plus marcher. Les pompiers l'emmènent à l'hôpital, il subit une intervention et est plâtré pour six semaines. Le chirurgien l'informe qu'il ne pourra remarcher et reconduire que dans trois mois.

De retour à la maison, Sylvie l'accable, lui dit qu'il l'a fait exprès pour l'embêter, que maintenant tout va être retardé. Elle l'installe dans sa chambre, lui demandant de ne pas en sortir. Elle ne l'autorise à accéder à la salle de bain que tôt le matin et lui interdit de dîner avec elle et son amant le soir. S'il veut manger, c'est dans sa chambre. Paul dépérit, cette fois il n'a plus la force de rien du tout. Heureusement, une infirmière est obligée de passer régulièrement pour des soins et c'est elle qui alertera les services sociaux de la maltraitance que subit Paul. Une assistante sociale viendra le visiter, il craquera et dira toute sa souffrance, il demandera de l'aide et le processus de sortie de l'enfer sera engagé.

Un an plus tard, avec l'aide de son fils, Paul emménage dans une petite maison, il a repris le travail, le corps est réparé, et il s'engage dans une thérapie pour se reconstruire, pour réparer l'esprit.

INTERPRÉTATION

Malheureusement, il existe beaucoup plus de Marine et de Paul que nous ne pouvons l'imaginer. La maltraitance et le harcèlement au sein du couple ne sont pas des cas rares. Cela touche toutes les générations, des plus jeunes aux plus âgées ; et toutes les classes sociales. Ce type de relation maltraitante implique la participation d'un « bourreau[5] » et d'une « victime ». Sa mise en place est toujours longue, insidieuse, perverse et il faut souvent de très nombreuses années pour la voir et s'en dégager. Le processus de mise en place est sensiblement toujours le même. Au début de la relation, le bourreau est vu comme un être charmant qui sait parfaitement séduire sa victime en lui disant et apportant ce qu'elle attend. Les compliments ne tarissent pas et cette victime, qui bien souvent présente une estime de soi fragilisée, se sent valorisée, enfin comprise, aimée par ce séducteur. Il s'agit d'une séduction de prédateur, le bourreau endort sa victime, l'attire dans sa toile pour l'immobiliser et ensuite s'en servir. Une fois engluée dans cette toile d'araignée malsaine, la victime est prise au piège, elle ne peut plus s'en sortir facilement. La maltraitance mettra du temps à

---

[5] Les termes de bourreaux et victimes sont très forts et mal adaptés à certains cas, la victime ayant parfois une part de responsabilité dans la situation, mais leur utilisation facilite la compréhension.

s'installer, par petites touches, à coup de petites méchancetés insidieuses, de contrôle de l'autre, d'isolement social, de jalousies inhérentes à tout amour passionné (selon les dires du prédateur bien évidemment !) La victime s'apercevra ponctuellement du comportement délétère de l'autre, mais culpabilisera aussitôt de le lui attribuer. La culpabilité sera le ciment de cette relation toxique et empêchera la victime de demander de l'aide ou de fuir la relation. Le bourreau lui dit tous les jours qu'elle est folle, pas assez bien pour lui ou qu'elle est nulle, qu'elle ne fait pas ce qu'il faut ; et elle finit par le croire dur comme fer. N'ayant plus aucune confiance en elle et honte de sa situation, elle est prise au piège.

Le langage commun parle de pervers narcissique, mais le terme exact est manipulateur pervers narcissique, qui n'est pas une pathologie en tant que telle, car non recensée dans le DSM-5[6] ou la CIM-10[7], mais qui est désormais pris en compte dans le cadre du harcèlement au sens large. Le harcèlement pouvant s'exercer au sein du couple, de l'école, du travail ou même dans la rue. Dans tous les cas, le

---

[6] DSM-5 : 5ème édition du Manuel Diagnostique et Statistique des troubles mentaux et psychiatriques de l'Association Américaine de Psychiatrie.
[7] CIM-10 : 10ème édition de la Classification Internationale des Maladies, codant les symptômes, circonstances sociales et causes externes des maladies, publiée par l'Organisation Mondiale de la Santé.

harcèlement est désormais puni par la loi et la victime doit porter plainte pour se protéger.

Le terme de perversion narcissique a été pour la première fois évoqué en 1986 par Paul-Claude Racamier, psychanalyste français, pour lui il ne s'agit pas d'un type de personnalité, comme la personnalité narcissique, mais bien d'une pathologie relationnelle qui consiste en une déstructuration de la personnalité dans laquelle la notion d'altérité n'existe pas. Pour la personne atteinte de ce trouble, les individus sont des objets, et elle se considère elle-même comme un objet. Ils présentent une organisation durable caractérisée par la capacité à se mettre à l'abri des conflits internes, et en particulier du deuil, en se faisant valoir au détriment d'un objet manipulé comme un ustensile ou un faire-valoir.

En 1998, Marie-France Hirigoyen, psychiatre et psychothérapeute de la famille, en décrivant la notion de harcèlement moral fera référence à celle de « pervers narcissique » et popularisera cette notion. Dès lors, de multiples articles de presse et autres ouvrages vont dépeindre le pervers narcissique comme un sociopathe agissant comme un prédateur allant jusqu'à détruire l'identité de sa « proie » par la manipulation mentale. La notion s'est vulgarisée, peut être avec des termes très forts sans aucune nuance, hors différents degrés d'intensité se retrouvent dans cette notion qui décrit une psychopathologie reposant sur la manipulation mentale pour exercer une emprise sur l'autre. Même amplifiée ou galvaudée, cette notion a le mérite d'être maintenant, pensée, parlée, diffusée, montrée et d'ainsi protéger et accompagner les victimes.

La personnalité socle de notre identité repose sur plusieurs aspects. Au début, il y a le biologique, le corps, qui fournit au bébé le tempérament qui lui est propre à la naissance. Dès les premières heures, l'on rencontre des bébés éteints, apathiques ou excités, extravertis, c'est leur tempérament inné. Les parents vont réagir avec leurs propres personnalités, histoires et ressources aux tempéraments de leur bébé et y apporter leurs propres réactions et leur modèle éducatif. Progressivement, ils vont forger le caractère de l'enfant. À ce stade, la personnalité est déjà bien assise et va encore se préciser, s'étayer par les différentes rencontres et expériences vécues par l'adolescent pour aboutir à la personnalité adulte. La personnalité d'un individu à la particularité d'être stable dans le temps même si des évolutions sont possibles en fonction des ressources psychiques de la personne. Si tout se passe bien la personne possède une personnalité, une identité saine lui permettant de bien fonctionner dans la société. Parfois, des difficultés dans le développement psychique de l'enfant engendrent des personnalités plus difficiles, dans le lien à l'autre, voire pathologiques. Toute la personnalité peut être impactée ou seulement certains pans. Ainsi certaines personnes, peuvent dans certains contextes, ou après certains évènements, développer des traits de personnalité pathogène. Ce qui en soit n'est pas grave si nous sommes capables de le reconnaitre et de le travailler afin de ne pas nous nuire ou ne pas nuire aux autres. Cela est plus embêtant quand toute la personnalité est touchée et que la personne n'en a pas conscience. Nous parlons dans ce cas de troubles de la personnalité.

Dans le cas du manipulateur pervers narcissique, toute sa personnalité est affectée et son moteur, son plaisir n'est alimenté que par la souffrance de l'autre. Il n'éprouve aucune empathie, ne dispose pas des ressources psychiques nécessaires à une remise en question de son fonctionnement, il ne peut absolument pas évoluer et il n'est pas « soignable ». Pour éviter son emprise, sa victime n'a que le choix de le fuir, de se sauver pour sauver sa peau. Alors coupé de son objet de plaisir, il abandonnera, se lassera pour, malheureusement, trouver un autre objet à faire souffrir.

Lorsque nous recevons les victimes d'un manipulateur pervers narcissique, ce sont des personnes complètement « cassées ». Elles sont complètement déprimées envahies par la culpabilité, elles n'ont plus aucune confiance en elles ni aucune estime d'elles-mêmes. Elles vivent dans une peur permanente d'être frappées, non pas physiquement, mais psychologiquement. Elles sont tellement dévastées qu'elles ne se rendent pas compte de la personne à qui elles ont à faire et sont persuadées qu'elles doivent s'améliorer, progresser, car elles ne sont pas à la hauteur des attentes du pervers. Auquel elles trouvent même des excuses, tant elles sont dans la culpabilité et engluées dans sa toile d'araignée. Elles sont prises dans un piège dont elles ne peuvent pas sortir, sauf si un tiers les soutient et leur apporte l'énergie suffisante en leur montrant le processus destructeur d'emprise utilisé par le pervers. Malheureusement, bien souvent l'entourage a du mal à croire la victime, car la manipulation et la perversion ne se montrent qu'en privé, alors qu'au public est destinée la séduction.

Il faut être prudent avec les termes utilisés et ne pas associer toutes personnes au narcissisme surdéveloppé à des pervers narcissiques, ce n'est pas du tout la même chose. Néanmoins, il me semble important d'être informé de ce type de personnalité et des dégâts qu'elles peuvent faire pour pouvoir éventuellement tendre la main à l'une de leurs victimes. Apporter un peu d'écoute, de compréhension peut s'avérer très aidant dans certains cas. D'autant que, rappelons-le, la perversion narcissique ne se rencontre pas uniquement au sein du couple ou de la famille, mais aussi dans les cercles sociaux et professionnels.

PROPOSITIONS

Malheureusement, dans ce cas précis, la prévention n'est pas réellement possible, car la relation toxique va mettre du temps à s'installer, au début elle ne se voit pas, il est donc impossible de s'en prémunir. Une fois sous emprise la personne ne peut pas voir, ne se rend pas compte de ce qui lui arrive, elle ne peut pas en avoir conscience. C'est souvent l'entourage, celui qui reste, qui se rend compte avant elle, de l'état d'isolement, de dépression et dépréciation dans lequel elle est. Seulement, l'entourage ne peut pas lui dire de but en blanc qu'elle est sous emprise car, elle ne peut pas l'entendre. Les proches devront, avant de vouloir l'extirper de son enfer, surtout garder le contact, tout faire pour que le pervers narcissique ne l'empêche pas de les voir. Quand ils se verront, les proches peuvent, en parlant d'autres personnes, décrire des relations « normales », bienveillantes pour que la personne sous emprise garde un contact avec la réalité. Un jour, après quelques mois ou quelques années, la personne sous emprise aura, peut-être un déclic pour mettre fin à cette relation. Souvent, quand c'est une femme qui est sous emprise, ce sont ses enfants qui lui donnent la force de partir, lorsque le père dépasse certaines limites avec eux. Ce qu'elle pouvait endurer pour elle, elle ne peut supporter de le faire vivre à ses enfants. Dans ce cas, la rupture est souvent rapide et violente. Elle prend ses enfants sous le bras et s'enfuit littéralement. C'est à ce moment-là seulement, lorsque la personne aura pris conscience de ce qu'elle vit et décidé d'y mettre un terme, que les proches pourront l'aider. L'aider en l'accueillant, la logeant (elle n'a souvent plus du tout d'argent) et en l'aidant à réapprendre à vivre et à se reconstruire.

Le processus de reconstruction va prendre énormément de temps, car l'identité de la personne est totalement dévastée et l'aide d'un professionnel de l'accompagnement sera nécessaire. Il est difficile de guérir d'une relation d'emprise seule ou avec ses proches. La personne va devoir réapprendre à vivre dans la norme, à se reconstruire face à la violence subie, à lâcher les comportements inappropriés découlant de la maltraitance et surtout à apprendre à ne plus avoir peur. Pour cela elle va devoir refaire le film, dire ce qu'elle a vécu, se reconnaitre victime de manipulation, revisiter sa souffrance, comprendre le traumatisme, se libérer de la culpabilité. Ensuite, il faudra réapprendre à vivre dans la normalité, se resocialiser, se retrouver et retrouver du plaisir et de la joie. Pour qu'elle se sente à nouveau en sécurité dans une relation, cela va être long, mais si elle a trouvé la force de partir, alors elle aura la force de rebondir, en mettant en œuvre toutes ses capacités de résilience, et elle n'en deviendra que plus forte et aguerrie pour revivre pleinement des relations d'amour et de confiance. Comme le disait Nietzche : « Ce qui ne me tue pas me rend plus fort. »

CONCLUSION

Si je vous ai raconté ces petites histoires et décrit ces cas, ce n'est nullement pour vous faire peur ou vous casser le moral. Mon intention était de vous montrer que personne n'est à l'abri de trouver un gros caillou sur son chemin qui l'empêchera d'avancer. Cela n'arrive pas qu'aux autres, nous sommes tous susceptibles de tomber malades, de faire l'expérience du deuil ou de subir un traumatisme quelconque. Parfois, le gros caillou tombe d'un seul coup devant nous, parfois il devient énorme à force de rouler sur le sol devant nous. Et sans avoir de boule de cristal, je peux affirmer qu'un jour ou l'autre, vous tomberez sur un gros caillou. La vie n'est pas un long fleuve tranquille !

Cependant, la bonne nouvelle, c'est qu'il est tout à fait possible de contourner nos gros cailloux et de stopper ceux qui roulent. Nous sommes acteurs de nos vies, acteurs de notre santé, nous pouvons changer les choses. Si par méconnaissance, nous avons laissé la vie nous chahuter, l'apprentissage, la connaissance, la prise de conscience, permettront de nous créer des conditions de vie meilleure. Notre cerveau est plastique, nous avons des capacités de résilience incroyables et des ressources insoupçonnées en nous, pour évoluer vers plus d'équilibre et de bien-être. Nous avons autour de nous, de nombreuses personnes capables de nous accompagner, de nous guider vers une meilleure santé. Les médecins allopathiques, bien entendu, qui nous apportent toutes les évolutions scientifiques nécessaires à plus de longévité en bonne santé, mais aussi tous les praticiens alternatifs qui viennent compléter, et non remplacer, les avancées médicales.

Vous n'êtes pas seuls. Pas seuls à traverser des difficultés, à souffrir dans votre corps et votre esprit. Et vous n'êtes pas seuls pour en sortir, pour trouver la lumière au bout du tunnel. Sur votre chemin, il n'y a pas que des cailloux, il y a aussi des mains tendues. À vous de les saisir !

Voilà l'intention de cet ouvrage, nulle envie de vous apeurer, culpabiliser ou décourager, juste l'envie de vous envoyer un message d'espoir en vous et en l'humanité.

TABLE

DE LA MÊME AUTEUR :

- 12 mois pour moi – Manuel pour préserver et améliorer sa santé physique, mentale et émotionnelle, Éditions Dorval, 2013 ; BOD, 2020.
- En pleine forme toute la journée, BOD, 2020.
- Je garde l'équilibre, BOD, 2021.

POUR SUIVRE L'ACTUALITÉ DE L'AUTEUR :

Inscrivez-vous à la newsletter sur son site : www.laurencebouyer.fr